KB124346

백 명의 상담사보다
한 명의 부모

백 명의 상담사보다 한 명의 부모

초판 1쇄 인쇄 | 2023년 5월 19일
초판 1쇄 발행 | 2023년 5월 25일

지은이 | 권혜진
펴낸이 | 권영임
편　집 | 윤서주, 김형주
디자인 | 사과나무

펴낸곳 | 도서출판 바람꽃
등　록 | 제25100-2017-000089
주　소 | (03387) 서울시 은평구 연서로22길 16-5, 501호(대조동, 명진하이빌)
전　화 | 02-386-6814
팩　스 | 070-7314-6814
이메일 | greendeer@hanmail.net / windflower_books@naver.com
홈페이지 | https://blog.naver.com/windflower_books

ISBN 979-11-90910-08-8(13370)

값 15,000원

백 명의 상담사보다
한 명의 부모

권혜진

도서
출판 **바람꽃**

그동안 자녀교육에 애써주신 부모님들께 이 글을 바칩니다. 제 조언에 귀 기울여주신 그분들께 감사드립니다. 현재 자녀를 키우고 있는 부모, 태어날 자녀를 위해 준비하는 부부, 손주를 키우고 있는 조부모님과 모든 보호자분들께 응원을 보냅니다.

상담자로 살아온 저는 20년 전에 만났던 청년을 잊지 못합니다. 청년은 어머니에 대한 기억 없이 6세 때 보육원에 맡겨져 곧 데리러 오겠다는 아버지의 말을 믿고 애타게 기다립니다. 3년이 지나고 5년이 지나도 아버지는 오지 않았습니다. 그렇게 12세가 되던 어느 날 아버지가 찾아왔습니다. 청년은 단번에 아버지를 알아보고 크게 소리쳤답니다.

"얘들아, 나도 아버지가 있어."

그러나 그날 이후 청년은 아버지를 한 번도 만나지 못했다고 했습니다.

제가 법무부 생명 예방 상담심리사로 활동하던 때 삼십 대 중반의 그 청년을 만났습니다. 면회 온 사람이 없던 청년은 교도관이 자기 이름을 부르자, '혹시나 아버지가 자신을 잊지 않고 찾아온 것이 아닐까?' 하는 생각으로 가슴이 떨리고 몸이 굳어졌다고 합니다.

상담 후, 청년은 어른으로부터 존중받는 기분을 처음으로 느꼈다며 제게 고맙다고 했습니다. 저는 청년과 헤어지면서 보았던 청년의 짧은 미소를 잊을 수 없습니다. 그 청년을 보살펴주는 한 사람의 누군가가 있었더라면, 그 청년의 인생은 달라졌을까?' 그런 생각이 들었습니다.

그날 이후, 저는 상담자로서 마음가짐을 새롭게 했습니다. 부족하지만, 저를 찾아준 내담자들에게 "마음을 다해", "정성을 다해", "힘을 다해" 도움을 주자는 깊은 신념을 가지고 현재까지 3,500여 명의 가족을 만났습니다. 자녀 성장을 위해 짧게는 일회성 상담에서 길게는 15년을 함께 한 가족도 있습니다.

상담자의 역할은 학자마다 정의를 다양하게 해놓았지만 저는 개인과 가족의 마음이 여러 이유로 흙탕물이 되었다면 그 물을 맑게 가라앉게 하여 본래의 깨끗한 물을 찾아가게 해주는 과정이라고 설명드립니다. 우리는 원래 순수하고 맑고 깨끗한 영혼을 가진 사람이었으니까요. 나이가 들어도 유년의 정서적 경험은 어제 일처럼 생생하며 우리 감정을 지배하는 경우가 일반적입니다. 무엇보다도 부모의 자리가 가장 큰 영향을 줍니다.

아이는 부모 중에 엄마의 존재만 있어도 전쟁의 공포도 지진의 공포도 무섭지 않다고 합니다. 아이에게 엄마는 세상의 모든 것을 지켜주는 안전한 품이기 때문입니다. 그래서 아무리 상담사가 많아도 부모 한 사람의 역할보다 부족하다는 것입니다. 아이들에게 부모만큼 소중하고 안전하고 기쁨을 주는 존재는 없습니다.

스페인 속담에 어머니의 1온스는 성직자 1파운드와 같은 가치가 있다는 말이 있습니다. 어머니의 보살핌과 사랑의 영향력은 다른 어떤 권위자, 성직자들과도 비교할 수 없을 만큼 큰 가치를 지니고 있습니다.

상담사가 아닌 엄마로서 돌아보면 저도 세 아이를 기르면서 후회되는 일이 먼저 떠오릅니다. 그러면서도 아이를 기를 때가 내 생에 가장 행복한 시간이었습니다. 지금은 현명하게 결정할 수 있었던 것들이 그때는 미처 깨닫지 못해 실수를 한 경험이 못내 아쉬울 때가 있습니다.

첫째는 초등학교 때만 4번이나 전학을 했습니다. 아이가 혼자 겪었어야 할 어려움을 생각하면 지금도 마음이 저려옵니다.

저처럼 경험을 한 후에야 큰 깨달음을 얻을 때가 있습니다. '그때 알았더라면' 하는 뒤늦은 후회를 하며 지혜를 얻기도 합니다.

우리 사회가 급격한 변화를 겪으면서 어른들도 어려움을 겪고 아이들도 어려움을 겪고 있습니다. 최근 다양한 가족의 이야기를 들으면서 아이들 곁을 지켜주는 어른 한 사람의 정성과 사랑의 소중함을 절실하게 느낍니다. 그분들과 함께 전문 상담가로서 임상경험의 현장에서 깨달은 아동에 대한 이해와 사랑의 이야기를 나누기 위해서 이 책을 쓰게 되었습니다.

글을 쓰겠다고 20년 전부터 다짐만 했던 일을 실행에 옮기도록 도와준 박사 과정 학우들에게 감사드립니다. 언제나 가장 가까이에서 힘을 주고 버팀목이 되어준 가족들에게도 고마운 마음을 전합니다. 그리고 끝까지 이 책의 편집과 출판을 위해 애써주신 편집자와 『도서출판 바람꽃』 권영임 대표님께도 진심으로 감사의 말씀을 드립니다. 감사합니다.

2023년 봄날에

권혜진

차 례

🦋 3부 영유아기 - 그 행복에 대하여

1부

태교 - 그 신비함에 대하여

1. 올바른 인성의 가르침, 전통태교의 지혜

훌륭한 스승에게 십 년을 배운 것보다, 부모의 열 달 태교 교육이 좋고, 태중의 열 달 교육보다 아버지의 정기를 주고받는 시간의(受胎 時) 정결한 마음가짐이 좋다.[1]

육례를 갖춘 부부는 서로 공경으로써 대접하고 혹시라도 상스럽고 익살스러운 말로서 서로 대하지 말라고 했습니다. 우리나라 전통태교 교육의 중요성을 일찍이 말한 태교신기에 나오는 유명한 구절입니다. 이미 1800년도에 쓰였지만 오늘날에도 잉태에 대한 몸가짐의 중요한 부분으로서 자세하게 들여다볼 필요가 있습니다.

---

1) 태교신기(胎教新記) 중에서.

부부의 몸에 질병이 있거든 잠자리를 같이 하지 아니하며, 하늘 기운이 예사롭지 않거든 정욕의 마음을 갖지 않는다. 즉, 천둥 번개가 심하게 치거나 태풍이 몰아치고 비비람이 거세게 불 때는 조신하게 있어야 한다고 했습니다. 긴장하고 두려운 마음일 때는 잉태하기에 부적절하기 때문입니다.

이처럼 우리나라 전통태교는 몸과 자연을 잘 살펴, 건강한 몸과 바른 인성을 만들기 위한 첫 출발에서 시작합니다. 즉, 하늘의 기운과 부부의 몸 상태에 따라 잉태하는 날을 택하였고 생각과 행동도 자연의 이치에 따르게 했다고 전해 옵니다.

"새도 알을 품으면 먹는 것을 가려 먹고, 짐승도 새끼를 배면 수컷을 멀리한다" 하물며 인간이 동물만 못하면 안 된다며 몸가짐과 음식에 대한 태교의 중요성을 강조했습니다.

옛날에는 부부의 정교(情交)를 아무 데서나 허락하지 않았습니다. 지금도 선비가 살고 있는 경상도 양동 마을 등에서는 중요하게 여깁니다. 터가 좋고 깨끗한 곳을 골라 잠자리에 들게 하였습니다. 현재도 조심해야 할 곳은 대중들이 많이 들고나는 숙박업소는 피하라고 했습니다. 어떤 사람들이 오고 갔는지 그것을 알 수 없음이오, 환경이 정결하지 못한 것은 탁한 기운이 내재되어 영향을 미친다고 보고 있습니다. 산세의 풍광이 뛰어나고 좋은 휴양지 터가 아니면 외부는 피하라고 했습니다. 그만큼 잉태는 환경의 영향을 받기 때문입니다.

따라서 임산부의 태교는 "예의가 아니면 보지 말고, 예의가 아니면 듣지 말고, 예의가 아니면 말을 하지 말고, 예의가 아니면 행동을 하지 말아"라고 했으며 매사 반듯한 것을 보고 행함으로써 임산부의 정신 자세를 가다듬을 수 있도록 하였습니다.

"태교란 기르는 자만이 몸과 마음을 스스로 조심할 게 아니라 집안사람들이 서로 조심해서 감히 화난 일도 드러내지 말고 천하고 흉한 일도 알려서 두렵고 놀라게 하지 말아라. 난처한 일도 알리지 않는 것은 감히 근심할까 염려해서요. 급한 일도 알리지 않는 것은 놀라게 될까 염려하기 때문이다. 화내면 태아의 피가 병들고, 두려워하면 태아의 정신이 병들고, 근심하면 태아의 기운이 병들고, 놀라게 하면 태아에게 뇌전증을 갖게 할 수 있다"고 쓰여 있습니다.

이렇듯 태교(胎教)는 부부뿐만이 아니라 집안 식구들이 함께 삼가며 협조해야 한다고 했습니다.

벗과 더불어 오래 있어도 사람됨을 배우거든 하물며 자식이 어미에게서 나는 7정(기쁨, 성냄, 설움, 배고픔, 사랑함, 미움, 욕심)을 닮는다는 건 당연한 일입니다. 임부를 대접하는 도리는 기쁨, 성냄, 설움, 즐거움이 지나치지 않도록 임산부의 곁에 언제나 온유한 사람으로 하여금 거동을 돕게 하고 그 마음을 온전하게 본받을 말과 법들을 알려주어서 게으르고 사사로운 마음이 일어나지 않도록 대접해야 한다고 했습니다. 임산부를 주변 사람이 도와줘야 하는 이유입니다. 태교를 통해 밝히고 있습니다.

사람의 마음 움직임은 소리를 들으며 감정이 조절된다고 하였습니다. 잔잔하고 편안한 음악 소리를 자주 들을 것이며 좋은 글을 외우며 읽어야 한다고 했습니다. 임산부는 시끄러운 곳에는 가지 말고 순화되지 않는 거친 말소리, 술주정, 분한 욕질 등도 듣지 말아야 한다고 했습니다.

높은 데나 깊은 데를 가지 말며, 험한 곳을 지나가지 말아야 한다고 했습니다. 약을 함부로 먹지 말 것이오. 언제나 마음을 맑게 하여 평화롭게 지내야 하며 입과 눈의 단정함이 한결 같아야 한다고 했습니다

태교는 우리나라 전통에서 매우 중요하게 다루던 몸가짐입니다. 서양에서는 유전학문이 연구되던 20세기에 출발했

지만 우리나라는 1800년대에 이미 『태교신기(胎教新記)』를 통해 강조하고 있습니다.

교육에는 태교가 근본이요 태교의 근본 책임은 남성에게 있으며 태교의 실행 책임은 여성에게 있다. 훌륭한 인재를 만드는 책임은 스승에게 있음을 밝히기도 합니다.[2]

다음은 실제 상담 현장에서 임상한 사례들을 말씀드리겠습니다. 여기에 쓰인 모든 사례의 이름은 가명입니다.

---

2) 정양완, 『태교신기에 대하여』, 2000.
   김정은, 『사주당의 태교예 실현과 차 생활 연구』, 2001.
   김미라, 『태교신기를 통한 마음 치유 방법론 연구』, 2016.

2. 태교에 따른 자녀의 행동 실제 사례

1) 기쁨의 나날로 보낸 태교

믿음이 부모는 결혼한 지 10년 만인 43세에 믿음이를 낳았습니다. 믿음이 부모는 각자 하는 일이 많아 천천히 아이를 갖자는 계획을 세웠습니다. 그런데 막상 자녀를 간절하게 기다릴 때는 생명이 쉽게 오지 않았습니다. 불안한 생각도 있었지만 믿음이 부모는 포기하지 않고 음식, 운동, 마음가짐을 늘 살피며 어느 때 생명이 찾아와도 맞이할 수 있도록 준비하는 마음으로 지냈습니다.

그렇게 10년 만에 아이가 생기고 부부는 벅찬 감동에 하루하루 감사하는 마음으로 지냈습니다.

　믿음이는 8개월 정도에 태어났습니다. 부모는 슬퍼하기보다는 인큐베이터 안에 있는 믿음이를 일찍 보게 되어 기쁘다며 병원 관계자들께 고마운 마음을 가지고 기다렸습니다. 아이는 이상 없이 인큐베이터 안에서 성장하여 2개월 만에 부모 품으로 돌아왔습니다. 믿음이는 모든 발달은 정상이었으나 언어 조음 문제로 상담 도움을 받았습니다.

　그 후, 아이는 구김살 없이 밝은 모습으로 사람들에게도 먼저 다가와 인사를 하고 예의 바른 아이로 성장하여 학교에 입학했습니다.

　사랑으로 돌봄을 받은 믿음이는 또래와 학교 선생님들 사이에서도 성품 좋은 아이로 인정받으며 잘 자랐습니다.

2) 수학적 계산을 하며 보낸 태교

동쪽이 엄마는 음악 전공자였습니다. 동쪽이 아빠 또한, 수학과는 거리가 먼 미대 출신으로 사람과의 관계를 다소 어려워 하는 편이었다고 합니다. 동쪽이 엄마는 학창 시절 수학에 어려움을 겪은 터라 태교를 하는 과정 중에 아이는 자신이 수학을 가르치겠다고 다짐을 했답니다.

중학교 1학년 교과서부터 차근차근 공부를 시작하여 고등학교 수학 교과서까지 이해하는 목표를 세워 태교 기간 내내 공부를 했습니다.

태교 덕분인지 동쪽이는 수학적 계산 능력을 갖춘 아이로 성장했습니다. 만 4세경에는 가족끼리 식당에 가거나 일상생활에서 물건을 살 때 암산으로 계산하여 부모에게 알려주었습니다. 그런데 유아기 시절까지 본인의 관심 분야만 몰두할 뿐, 주변 친구와의 적절한 관계가 서툴다며 유치원에서 상담을 권유했습니다.

동쪽이는 주변과의 상호관계가 원활하지 못하고 상황 대처 능력이 다소 미숙한 아이였습니다. 호기심 가는 분야는 몰입도가 지나쳐 뛰어난 반면 상대를 잘 의식하지 않았습니다. 동쪽이 아버지도 어릴 때 조용하고 말없이 본인의 일에만 몰두하는 성향으로 주변을 잘 인식하지 못한 상황이 자주 발생했다고 합니다. 동쪽이는 아버지의 유전적 성향을 물려받았다는 것을 알 수 있습니다. 다행히 기질은 옅어지고 주변 환경의 영향을 받으며 긍정적 모습으로 변화했습니다.

동쪽이는 아버지의 집중력과 어머니의 수학 공부 태교로 꾸준히 뇌를 사용하여 지능이 높은 아이로 자랐습니다.

이후 놀이 심리, 감각통합치료를 꾸준히 받으며 부모의

유전적인 기질과 동쪽이의 기질적인 특성을 잘 살려 건강한 아동으로 성장하였습니다.

3) 임신 중 심각한 스트레스

초록이 엄마는 집안에서 결혼을 강하게 반대해 혼인신고만 하고 가정을 이루었습니다. 부모님과 의절해가며 어려움을 무릅쓰고 결혼생활을 했습니다. 하지만 초록이 엄마는 여러 이유로 갈등이 심화되어 결혼 2년째인 임신 5개월 무렵 남편과 헤어졌습니다.

이 과정에서 임신 초기부터 심각한 우울 증세가 왔고 삶을 비관하며 태아의 생명에 대한 고민도 여러 번 했습니다. 다행히 출산을 했고 아이를 바라본 순간 그동안 고민이 모두 사라지고, 너무나 사랑스러웠습니다. 부모님과도 화해를 하고 마음가짐을 새롭게 하며 정성을 다해 초록이를 키웠습니다.

하지만 초록이는 만 3세가 되고 4세가 되도록 이름을 불러도 대답이 없고 말도 못 하고 이상한 소리만 계속 반복했습니다. 결국 심한 자폐 진단을 받았습니다.

초록이 엄마처럼 다양한 이유로 임신 기간 심각한 스트레스로 말미암아 발달장애 진단를 받는 경우가 종종 있습니다. 산모의 마음 상태는 태아에게 그대로 영향을 미쳐 그 마음을 닮은 자녀가 출생하기도 합니다.

2022년 미국 소아과학회에 따르면 임신 중 우울증은 조산, 저체중 출산, 발달지연 등 많은 문제를 일으킨다고 합니다.

임상 현장에서도 이와 같은 현상을 자주 목격합니다.

4) 새벽마다 부부 싸움을 한 결과

바다 엄마는 결혼과 함께 대도시에서 지방으로 내려와 작은 가게를 운영했습니다. 가게는 수입이 변변찮고 주위에 교류할 수 있는 사람이 없었습니다. 그렇다 보니 자연스럽게 남편의 퇴근을 기다리는 생활을 하게 됩니다. 그러나 남편은 출장이 많고 넘쳐 나는 일로 새벽 서너 시에 퇴근하는 것이 일상이었습니다.

이 무렵 바다 엄마는 남편 모르게 친구에게 빌려준 금전 문제가 생겨 그것을 해결하고자 고민으로 지친 상황이기도 했습니다. 이런 내적 어려움을 남편과 이야기하며 풀고 싶었습니다. 하지만 일에 치인 남편은 퇴근하기 바쁘게 바로 잠자리에 들고 주말에도 출근을 자주 하게 돼 서운함이 쌓여갔습니다.

주로 남편 퇴근 시간인 새벽이면 큰 소리를 내며 다투게
되고 갈등은 더 심해졌습니다. 급기야 폭력이 오가는 상황까
지 이르게 되고, 출산을 앞두고도 다툼은 반복되었습니다.

　다행히 아이는 건강하게 태어났고 다른 발달은 이상이
없었습니다. 그런데 새벽만 되면 갑자기 몸을 부들부들 떨거
나 몸이 굳어지는 것이었습니다. 이런 행동이 초등학교 때까
지 반복되고 병원을 다니며 뇌파 사진을 촬영했지만 원인을
찾을 수 없었습니다.

　혹시 심리적인 문제인가 싶어 상담센터를 방문하였습니
다. 잉태 상황의 심리적 현상을 필수로 체크하며 상담을 받
았습니다. 바다 엄마는 상담하는 과정에서 '아하! 하는 깨우
침이 왔고 아동의 근본적인 원인을 발견했습니다.

　이후 꾸준한 상담을 받으면서 바다는 많은 변화를 보였
고 건강한 모습으로 성장했습니다. 무엇보다도 부모는 잠자
기 전 일관되게 다정한 목소리로 책을 읽어주며 잠을 재웠
고, 언제나 부드러운 행동과 미소로 바다를 힘껏 껴안으며
긴장을 풀어주는 노력을 하였습니다. 이러한 노력에 힘입어
바다는 편하게 잠을 잤으며 단란한 가족으로 재구성되고 식
구도 더 늘었습니다.

　태교 문제로 이와 비슷한 상황을 겪는 가족을 가끔 만나

게 됩니다.

8초 포옹법: 일본에서 연구한 방법으로 보통은 앞에서 껴안으면 자녀가 당황할 수도 있고 긴장도 하지만 뒤에서 아이를 껴안으면 거부감이 줄어듭니다.

방법: 부모가 뒤에서 아이를 꼭 8초 동안 으스러지게 껴안았다가 갑자기 훅 놓는 방법으로 적어도 3회 정도 꾸준히 하면 효과가 있습니다. 8초라는 것은 가장 기분 좋게 버티기 좋은 시간입니다.

■ **기질이란(Temperament Character Inventory)**

생의 초기부터 나타나는 다양한 정서 자극은 자동적으로 일어나는 정서적 반응 성향으로 행동 조절시스템에 대한 기초 신경시스템의 발달양상입니다. 또한, 기질은 변하지 않으며 세대 전이를 통해 형성되는 유전적인 특성이며 교육의 책임이 아닙니다. 더불어 기질은 변화의 대상이 아니라 수용의 대상입니다.

　기질은 어릴수록 유전적인 특성이 현저하게 나타나며 성장할수록 환경과 경험에 의해 조절은 되나 변하지 않습니다.[3]

---

3) 민병배·오현숙·이주영, 「기질 및 성격검사 매뉴얼」, 2007.

임상 현장에서도 부모가 매사 불안하면 아이의 불안도가 높아 조심성이 지나쳐 수동적으로 행동하는 것을 자주 목격합니다.

한국예술종합학교 김대진 총장이 방송 인터뷰에서[4] 예술적으로 뛰어난 학생은 천성적으로 타고난 기질이 90퍼센트이며 노력이 10퍼센트라고 말합니다. 그만큼 가족 유전자의 힘은 자녀에게 대물림이 된다는 것입니다.

주변을 보더라도 천부적인 운동선수를 보면 아버지나 어머니가 운동 선수였음을 알 수 있습니다. 이렇듯 아이의 행동을 바라볼 때 아이가 문제라고 보기보다는 먼저 부모인 자신의 모습을 살펴보면 한층 더 이해가 빠를 것입니다.

영국 속담에 "사과는 멀리 떨어지지 않는다"라는 말처럼 자녀의 행동과 성격은 부모를 닮는다는 뜻이겠지요.

---

4) SBS 김대진의 커튼콜 (2022. 11. 17.)

3. 전통 놀이를 통한 성장 교훈

단동십훈(檀童十訓)은 오래전부터 내려오는 우리의 전통 놀이 육아법으로 부드러운 음률의 소리에 맞춰 아이를 편안하게 하며서 즐거움을 주는 놀이 방법입니다.

여기에는 매우 뛰어난 과학적인 방법이 숨어 있기도 합니다. 아이가 3개월이 지나면 엄마가 있는 쪽으로 고개를 돌리고 엄마의 목소리를 따라 고개를 이리저리 돌리기도 합니다. 이때 뇌발달, 운동발달, 청각발달, 시각발달 등이 정상인지 아닌지를 알 수 있습니다. 또한, 정서발달이 촉진되어 엄마의 웃는 얼굴에 화답을 해주며 활짝 웃고 반기는 모습을 취합니다. 이렇듯 장난감이 없어도 오직 몸과 마음만 가지고도 아이와 즐거운 애착 놀이를 할 수 있습니다. 그러면서 인간의 근본을 먼저 알려주는 도리도리를 시작으로, 질서 정연하게 이어지는 곤지곤지를 하면서 우주 중심을 벗어나지 말 것이며, 서마서마는 혼자 힘으로 단단하게 세상을 딛고 서라는 정신적 가치를 알 수 있습니다.

단동십훈을 통해 아기는 자연스럽게 앉아서 놀이하며 상대를 모방합니다. 업비업비는 일찍부터 기어 다니며 만지는 것과 만져서는 안 되는 것을 배우고. 곤지곤지를 통해 소근육의 발달을 촉진시켜 줍니다.

음악적 소리에도 깊은 뜻이 담겨있는데 예를 들어, '지암지암(持闇持闇)은 두 손을 쥐고 폈다 오므렸다를 하며 "쥘 줄 알았으면 놓을 줄도 알라"는 깨달음을 은연중에 가르치는 것입니다. 말이 트이는 시기에는 '아함아함(亞含亞含)'를 통해 말을 함부로 해서는 안 된다는 의미로 언어 행동까지 가르치는 놀이입니다. 걷기의 시작인 첫돌이 가까이 오면 불아불아(弗亞弗亞)를 불러주며 "우리 아기, 귀한 아기, 이 세상에 훤히 비칠 빛이 되거라!"라는 뜻으로 영아기의 놀이를 마무리합니다. 이렇듯 놀이에 정신적 가치와 발달을 증진시키는 과학적인 방법까지 담고 있는 전통 육아 놀이인 단동십훈을 표로 정리해 보겠습니다.

■ 단동십훈의 교훈

내 용	개월 수	발달의 중요성	의 미
도리도리 (道理道理)	3~4개월 이상	사람이 마땅히 행(行)해야 할 바른 길이나 사물의 정당(正當)한 이치(理致)를 지칭한다.	고개를 좌우로 돌리는지를 확인, 뇌발달 및 운동발달을 알수 있다.
짝짝궁 짝짝궁 (작작궁 작작궁, 作作弓 作作弓)	5~6개월	천지의 조화 속에 흥을 돋우라는 뜻에서 두 손바닥을 마주치며 손뼉을 치는 것이다.	두 손의 협응 능력을 알 수 있으며 양손을 자유롭게 움직여 소근육 발달을 준비시키고 전반적인 정서발달 및 통합의 균형을 알 수 있다.
잼잼-지암지암 (持闇持闇)	5~6개월 이상	"쥘 줄 알았으면 놓을 줄도 알라"는 깨달음을 은연중에 가르치는 것이다.	인지발달, 운동발달, 모방, 행동의 사회성을 알 수 있다.
곤지곤지 (坤地坤地)	5~6개월 이상	천지(天地)에 가득 찬 맑은 기운을 받으며, 하늘과 땅이 조화롭게 어울리는 삶을 지향하라는 메시지가 들어 있다. 세상의 중심에서 벗어나지 말라는 뜻이기도 하다.	오른손 집게손가락으로 왼쪽 손바닥을 찍는 시늉을 하며 '땅=곤(坤)'의 의미를 깨닫게 하는 것이다. 손가락의 조절 능력인 소근육 발달을 알 수 있다.
아함아함 (亞含亞含)	5~6개월 이상	말을 함부로 해서는 안 된다는 뜻이며, 어른들이 모범을 보여야 하는 것이다. 바른 언어 표현의 출발이며 부모의 언행을 조심해야 한다.	손바닥으로 입을 막는 시늉을 하는 것으로, 두 손을 모아 입을 막은 '아(亞)'자의 모양처럼 입조심 하라는 뜻이 내포된 것이다.

내 용	개월 수	발달의 중요성	의 미
시상시상 (詩想詩想)	7~8개월 이상	몸을 귀히 여겨 함부로 하지 말라. 매사에 조심하고 우주의 섭리에 순응하며 내 몸을 귀하게 여기라는 뜻이다.	어린이를 앉혀놓고 앞뒤로 끄덕끄덕 흔들면서(시상시상)하고 부르는 모습이다. 이때 아이가 따라 하는지 눈여겨본다. 사회성 단계의 모방 훈련이다.
질라아비 휠휠 (질라아비 휠휠의, 羅呵備 活活議)	7~8개월 이상	천지 우주의 모든 이치를 깨닫고 즐겁게 뛰어놀고 활기차게 살아가라는 뜻이기도 하다.	아이의 팔을 잡고 영과 육이 고루 잘 자라도록 기원하고 축복하며 함께 춤추는 모습이다. 생기있는 모습으로 활동하고 즐겁게 생활하며 옳은 일에 기꺼이 활동하라는 뜻이기 하다.
섬마섬마 서마서마 (西摩西摩)	8~9개월 이상	남에게 의존하지 말고 스스로 일어서 굳건히 살라는 뜻이다.	어린아이를 어른의 손바닥 위에 올려 세우며 아이가 지탱하도록 하는 놀이다. 다리에 힘이 있는지 없는지 균형 잡힌 발달을 알 수 있다.
어비어비 업비업비 (業非業非)	8~9개월 이상	어릴 때부터 법에 어긋남이 없이 자연의 순리대로 살라는 뜻인데 자연 이치와 섭리에 맞는 업이 아니면 하지 말라는 뜻이다.	아이가 해서는 안 될 것을 이를 때 하는 말로, 커서도 일함에 도리와 어긋남이 없어야 함을 강조한 말이다. 부드러운 말로 사회적 규칙을 알려주는 첫 출발점이다.
불아불아 (弗亞弗亞)	10개월 이상	"우리 아기, 귀한 아기, 이 세상에 훤히 비칠 빛이 되거라!"라는 뜻이다.	기운이 순환하여 무궁무진한 생명력의 발현인 아이의 자기 존중심을 키우려고 허리를 잡고 좌우로 흔들면서 하는 밀이 '불아불아'다. 자기 존중심이야말로 사람이 스스로를 살게 만드는 힘의 근원임을 가르치는 것이다.

예) 할머니들의 노래 가사

불아불아 불아불아
불무딱딱 불어라(옛날 불피우는 도구)
불아불아 불아불아
불무딱딱 불어라
금자동아 옥자동아
옥을 준들 너를 사며
금을 준들 너를 사랴
불~불~ 불어라
불무딱딱 불어라[5]

---

5) 『향토문화전자대전』, 한국학중앙연구원.

2부

출산—그 숭고함에 대하여

1. 출산 – 그 숭고함에 대하여

사람에게 가장 숭고한 일은 생명을 탄생하여 기르는 것이라
고 합니다. 생명의 탄생은 놀랍고 경이로운 경험을 선사하며
새로운 생명이 주는 행복감과 책임감은 단단한 부모로 만들
어줍니다. 출산은 새 생명을 탄생시키는 신비한 체험이며 역
할 변화 등 부모가 경험할 수 있는 가장 중요한 생물학적, 사
회 심리학적 과정이라고 할 수 있기 때문입니다. 그러나 최
근에는 계획하지 않은 임신 및 출산과 관련된 질환의 여부,
심리적인 문제가 있는 경우 산모의 산후 우울증 위험도가 더
높다고 알려져 있습니다.

정신질환 및 진단 의학 통계에 따르면 산후 우울증은 산

후 4주 이내에 발생한다고 정의하고 있습니다. 그래서 출산에 따르는 산모의 신체적인 변화 못지않게 정서적인 변화에도 주위의 세심한 관심이 필요합니다. 그러나 일반적으로 임신 중의 태교나 산모의 육체적인 건강, 유아기의 조기교육 등에는 지대한 관심을 가지면서도 산모의 정신적인 건강의 중요성은 간과하게 되는 경우가 많습니다.

산후 우울증은 산후에 불안감과 죄의식에 사로잡혀 수면장애가 심해지거나 쉽게 피로해지고 예민해져서 산모는 물론 가족에게까지 정상적인 기능을 하는 데에 지장을 주는 정서적 장애라고 말합니다.

태어난 아기에게 미치는 부정적인 영향은 아무리 강조해도 지나치지 않습니다. 임상 현장에서 보면 1년 동안 산후 우울증으로 보낸 엄마와 함께 자란 아동은 발달지연 현상이 뚜렷하게 나타납니다. 대표적으로 인지발달과 언어발달이 눈에 띄게 지연되는 것을 알 수 있습니다. 자녀의 바람직한 삶을 위해서는 인지적 지능뿐만 아니라 정서적 지능과 사회적 지능이 균형 있게 발달 되어야 하는데 생후 초기부터 엄마와의 상호작용에 문제가 생기게 되면 이러한 지능영역들의 발달에 부조화가 올 수 있습니다.

산모의 정서 변화 중 우울 정서는 아기의 양육에 대한 불안감, 예전 자신의 모습으로 되돌아갈 수 없다는 절망감, 자신감과 흥미의 감소, 무력감, 피로 등의 증세로 나타내기도 합니다. 이에 더하여 아기를 낳아서 기쁜 반면 싫어하기도 하는 불일치의 경험을 하기도 하며, 아기들의 안녕을 걱정하는 강박관념이나 부모 역할에 대한 불안감입니다.

그러함에도 부모가 된다는 것은 참으로 큰 축복이며 새로운 세상의 지평을 열어가는 충만된 삶입니다. 우리는 무엇이든 출산의 고통처럼 경험해 보지 않으면 알 수 없다는 것이 우리가 살아가는 자연스러운 모습일 것입니다.

인간이 최초로 경험하는 사회적 환경은 가정입니다. 아동기에 경험한 가정환경은 개인의 성격은 물론 가치관이나 행동에 이르기까지 많은 영향을 미칩니다. 특히 가정환경 중에서도 부모라는 인적 환경은 자녀의 사회화 과정에 큰 영향을 미치는 요인으로서 아동의 성장과 발달에 중요한 의미를 지닙니다. 즉, 가정에서 맺게 되는 부모와 자녀의 관계는 아동의 인지발달, 정서발달, 나아가 인격 형성에 이르기까지 다양한 측면에서 영향을 주게 됩니다.

프란치스코 교황은 돌본다는 것은 사랑을 의미한다고 했습니다. 사랑은 고난받을 준비가 되어 있다는 것을 의미하며 사랑은 진리이며 우리가 살아가는데 필요한 자양분이라고 했습니다.

"친구와 집은 돈 주고 살 수 있지만 우정과 가정은 돈 주고 살 수 없다"는 말처럼 자녀를 출산하며 얻는 행복은 그 무엇과도 바꿀 수 없는 없다는 것입니다.

■ 다음은 실제 사례입니다

1) 내 생에 가장 큰 행복

똘이 부모는 자녀를 하나만 낳겠다고 했습니다. 경제적 비용과 맞벌이 부부라 시간도 촉박할 것 같아 어떻게 키울까 걱정이 앞섰기 때문이라고 합니다. 아이를 낳고 기르며 똘이 아빠는 자신의 인생에 이렇게 삶이 풍요롭고 즐거운 기억이 무엇인가 회상을 해봐도 자녀를 키우며 느끼는 행복감과는 비교할 수가 없었다고 했습니다.

우리 사회에서 원하는 대학에 가는 것도 큰 행복이고, 원하는 직장에 다니는 것도 행복이지만 그것은 모두 잠깐 지나가는 것일 뿐 자녀는 늘 새로운 행복감과 즐거움을 주는 존재였다고 했습니다.

아이가 공원에서 뛰어노는 모습을 보노라면 삶이 꿈만 같고 꽉 채워지는 충족감은 무엇과도 바꿀 수 없다고 했습니다. 그래서 처음 생각과 달리 똘이 부모는 적극적으로 둘째를 낳았습니다. 둘째를 기르면서 마음은 더 둥그러워지고 타인을 바라보는 시선 또한, 너그러워졌다고 합니다.

우리는 부모가 아이를 키운다고 말하지만 아이를 통해 부모가 성장하는 것은 영원한 진리이기도 합니다. 한 아이의 생명은 온 집안 분위기를 활력 있게 바꿔놓는 위대한 존재이며 나를 성장시키며 가르쳐주는 삶의 스승이기도 합니다.

2) 알 수 없는 상실감의 혼란

민들레 어머니는 최고의 엄마가 되고 싶었습니다. 먹는 것도 입히는 것도 정성을 다해 키웠습니다. 몸이 힘들어도 자녀를 위해 먹이는 것, 입히는 것은 품질이 좋은 것만 골라 정성스럽게 먹이고 입혔습니다. 그런데 아이는 밤에 깊은 잠을 자지 못하고 자주 깨어나 울며 밤잠을 설치는 경우가 많았습니다.

그 무렵 민들레 엄마는 밑바닥에서 올라오는 알 수 없는 상실감에 몇 개월째 몸부림을 치고 있었습니다. 갑자기 아이를 혼자 집에 두고 두세 시간씩 아무 생각 없이 이곳저곳을 돌아다니다 들어오는 행동을 자주 했습니다. 그렇게 하지 않으면 자신이 미칠 것 같은 두려운 생각이 들었다고 합니다. 시간이 갈수록 아이 양육은 힘들어지고 감정 조절이 되지 않았습니다. 그때마다 남편에게 의지하며 남편이 알아서 자기를 도와주지 않는다고 심하게 부부 싸움을 하고 남편 몰래 술을 자주 마시는 생활이 이어졌습니다.

민들레 엄마의 행동은 왜 이렇게 상반된 것일까요.

이유인즉, 민들레 엄마는 생후 돌이 되기 전, 생모는 집을 나가고 아버지가 혼자서 키웠습니다. 가정사에 변화가 생겨 초등학교 4학년 때부터 할머니와 함께 지내다가 고등학교 졸업 무렵 할머니까지 세상을 떠나면서 혼자 생활을 했습니다.

직장 생활을 할 때는 사람들과 어울리며 무엇을 해도 즐거웠다고 합니다. 결혼과 함께 다시 혼자 집에 있게 되고 자녀를 출산하면서 묻어 버린 감정들이 심리적, 신체적으로 본 모습이 드러난 것입니다.

민들레 엄마는 출산 후 가슴안에 외로움만 가득 차서 누군가에게 자신의 존재를 인정받으며 위로받고 싶었다고 했습니다. 그냥 따뜻한 밥 한 끼라도 자신만을 위해 해주는 사람이 그리웠다고 했습니다. 그것이 친정엄마의 존재라는 것을 알면서도 차마 남편에게는 말하지 못했다고 합니다.

성장기 시절 행복한 기억이 없다 보니 아이를 안으면 불안하고 알 수 없는 두려움과 슬픔이 올라와 아이를 다치게 할 것 같았다고 했습니다. 그래서 될 수 있는 한 신체적 접촉을 하지 않았습니다. 거의 눕혀 놓거나 울면 유모차에 태워 돌아다니는 게 일상이었습니다. 아이에게는 먹을 것만 잘 챙겨 주고 환경만 깨끗하게 해주면 저절로 성장할 것이라고 믿었습니다.

정신분석 심리학적으로 이 상황을 보면 민들레 엄마는 할머니와 함께 살면서 채워지지 않는 공허감으로 무작정 거리를 헤맨 것입니다. 또한, 무의식적으로 남편을 엄마처럼 생각하고 남편이 엄마처럼 자신을 돌봐주기를 원했습니다.

아기에게 엄마라는 존재는 모든 것을 담아주는 단단한 컨테이너입니다. 엄마는 아기가 울면 왜 우는지, 배가 고픈지, 잠이 오는지, 기분이 좋은지, 나쁜지, 이런 것들을 세세히 관찰하며 아기의 거울처럼 대응해 주는 존재입니다. 오줌을 싸고, 대변을 놓아도 엄마는 기쁘게 반응을 해 줍니다. 이런 성장 과정 없는 엄마의 빈자리는 무엇을 해도 채워지지 않는 공허감을 주며 무의식적으로 가장 가까운 남편을 '엄마화'시키게 되어 있습니다.

한편, 남편 몰래 술을 마시는 것은 잃어버린 엄마의 상실감을 채우기 위한 행동입니다. 게다가 민들레 엄마가 아이를 안아주기 불안한 것은 아이가 아이를 돌볼 수 없기 때문입니다. 민들레 엄마는 몸은 어른이지만 내면은 울고 있는 어린 아이이기 때문입니다.

이 상황을 일반적으로 풀이하면 생후 온전한 돌봄을 받지 못했던 민들레 엄마의 마음은 자녀에게 최고의 사랑을 주고 싶은데 몸은 두려워 자녀를 거부하고 있었던 것입니다. 자녀를 출생하고 나니 자신을 버리고 간 생모가 원망스럽고 자신도 모르게 이상증세가 나타났다고 했습니다. 민들레 엄마에게는 어머니의 부드럽고 따뜻하게 느껴졌던 시기, 자신의 웃음에 환한 미소로 답하던 어머니가 존재하지 않았습니다. 어머니는 아이에게 생존의 근본이자 샘물이며 아이의 즐거움에 관한 근원과도 같은 존재입니다.

자신의 의지와 상관없이 정서는 대물림되어 자녀에게로 흘러가고 있었습니다. 심리학적으론 실제적 엄마는 있지만 정서적으로는 죽은 엄마 (dead mother coplex)의 전형적인 모습을 만들어 내고 있었던 것입니다.

민들레 엄마의 심각성을 깨달은 남편은 처음엔 아내를 비난하고 비협조적이었지만 본가 어머니와 터놓고 상의를 한 결과 본가 어머니를 당분간 자신들의 집 옆으로 이사 오게 했습니다. 더구나 아이는 분리 불안이 심각해 치료가 필요했습니다.

이후 민들레 엄마는 자녀와 함께 꾸준한 상담을 받아가며 직장을 구해 잠깐이라도 일을 하도록 했습니다. 민들레 엄마가 직장에 가는 동안 조부모가 봐주니 민들레 엄마는 다시 활기를 찾고 서서히 회복되었습니다. 어려울수록 가족의 힘이 필요한 이유입니다.

3) 몸과 마음이 기억하는 산후 우울증

전문직으로 활동하던 내담자는 출산 후 1년 가까이 산후 우울증으로 힘든 시간을 보냈습니다. 출산하기 전까지는 사회성도 좋고 명랑하며 직장에서도 유능한 직원이었습니다. 출산 후 오랫동안 우울에서 벗어나지 못한 이유가 무엇일까, 고민하다 상담을 받게 되었습니다.

내담자는 유년 시절의 행복한 기억이 없다고 했습니다. 물질적으로는 남부럽지 않게 풍족했지만 늘 외로웠다고 합니다. 그 당시 사업체를 운영하던 친정엄마는 내담자를 출산한 지 20일 만에 회사에 출근을 하고 내담자는 돌보미 아주머니에게 맡겨져 초등학교 내내 그렇게 생활했다고 합니다.

출산하고 난 후 내담자는 기억이 없는데 몸과 마음은 이미 알고 반응을 하였습니다. 출산 후 부모님에 대한 원망이 심하게 올라왔다고 했습니다. 어떻게 이런 어린 아기를 두고 직장에 나가 일을 할 수 있는지 원망과 혼란의 연속이었다고 했습니다. 부모에게 사랑을 받아본 적이 없다는 기억 때문에 오직 공부만 열심히 하면 부모가 자신을 바라봐 주겠지라고 생각하며 공부만 열심히 했다고 합니다.

그 결과 원하는 대학에 가고 전문직으로 성공했는데도 그것은 부모에게 모두 인정받기 위한 내면의 결핍 때문이라는 것을 알았다고 했습니다. 그러면서 어릴 적 부모의 온전한 돌봄을 받아본 적이 없어 어떻게 아이를 보살펴야 할지 모르겠다고 하였습니다. 매우 힘들고 아이에게는 죄책감이 들어 잘해주고 싶은데 몸이 반응하지 않았다고 했습니다.

그렇게 우울한 나날로 1년을 보내고 나니 아이는 이미 돌이 되었지만 발달지연 현상이 심각하게 나타났습니다. 이후 내담자는 정말 열심히 다시 일어서서 자녀와 한 몸처럼 움직이며 자녀를 사랑하는 법을 배워나가고 자신을 돌보며 성장해 나갔습니다. 다행히 남편의 도움이 잘 뒷받침되어 천천히 극복해 나가는데 큰 힘이 되었습니다.

2. 죽은 어머니 콤플렉스

죽은 어머니 콤플렉스(Dead mother complex)는 아이의 생존에서 중요한 근원인 어머니의 갑작스러운 우울 때문에 아이와의 교감을 잘 이루지 못하면서 생기는 콤플렉스입니다. 아기 곁에 실제로 어머니가 있지만 아이의 눈에는 정서적으로 죽어버린 어머니입니다.

프랑스 정신분석학자 앙드레 그린은 이러한 자녀 관계의 변화로부터 아이가 경험하게 되는 상처를 '죽은 어머니 콤플렉스'라는 개념으로 설명했습니다.

어머니는 깊은 우울에 빠져 아이의 요구에 반응하지 못합니다. 따라서 아이의 상처는 엄마가 있지만 엄마의 도움을 받지 못하는 의미에서 어머니는 죽은 존재이기도 합니다. 갑작스러운 엄마의 우울 증세 결과로 아이는 상실과 허무, 무능, 고독이라는 상황에 빠지게 됩니다. 아이에게는 어머니의 따뜻하고 부드러운 존재의 기억이 없습니다.

정서적으로 죽은 어머니 콤플렉스로부터 아이는 자신을 보호하기 위해 발달 단계에 따라 다음과 같이 자기를 보호하는 증상들이 나타납니다. 무기력하고 활력이 없는 아이는 어린 시절 자신에게 쾌락을 주던 어머니의 빈자리, 이 빈자리가 갑자기 무너져 버린 자신의 모습입니다.

엄마의 안정적이고 따뜻한 사랑을 받지 못한 실패로부터 아이는 어머니의 부재와 상실을 경험합니다. 그리고 대소변을 가릴 수 있는 시기에 접어들면 아이는 대소변을 통한 증오의 감정을 표출하거나 자극(손 빨기)을 심하게 하여 자신의 손을 자해하기까지 합니다. 이것을 우리는 대상은 있으나 상실된 대상이라고 합니다.

한편, 어머니가 아무리 지극히 아이를 보살피더라도 구조적으로 대상 상실의 문제가 발생하기도 합니다. 쉬운 예를 들면 어머니의 보살핌이 지나칠 경우 아이는 성인으로 제대로 독립하지 못하는 의존적인 아이가 되기도 하기 때문입니다. 인간을 보살핀다는 것은 참으로 쉽지 않습니다. 그러함에도 중요한 것은 만 6세 전까지는 온전한 돌봄을 받아야 한다는 것입니다.

이 두 사례가 정서적으로 죽은 어머니 콤렉스의 전형입니다. 이와 같은 비슷한 사례는 참으로 많습니다.

3. 사랑의 본질─돌봄의 애착

미국 위스콘신 대학교의 심리학자인 해리 할로(Harry Frederick Harlow, 1905~1981) 박사는 원숭이를 대상으로 애착에 대한 여러 실험을 했습니다.

아기 원숭이를 어미로부터 격리시켜 하나는 딱딱한 철사로 만들어진 차가운 곳에, 다른 하나는 부드럽고 따뜻한 수건 재질의 테리(terry) 소재로 만든 곳에 두었습니다.

할로 박사는 철사로 된 어미에게 각각 우유병이 안에 있는 경우와 없는 경우로 설정한 뒤에 아기 원숭이가 어느 우리로 가는지 살펴보았습니다. 아기 원숭이는 테리 소재로 된 어미에게 우유병의 유무와 상관없이 바로 안기려고 했으며 철사로 된 어미에게는 우유병이 있을 때 잠깐 먹이를 먹고 이내 테리로 된 원숭이 엄마에게 갔습니다.

아기 원숭이에게 무서운 상황을 연출하자 아기 원숭이는 테리 소재로 된 어미에게 가서 안정감을 찾으려고 했습니다. 아기 원숭이는 안정이 될 때까지 테리 소재로 된 어미에게서 떨어지지 않았습니다.

이번에는 두 어미에게서 따로 떨어져 자라도록 했습니다. 원숭이는 우유가 충분히 있는 경우에 한해 비슷한 속도로 성장했습니다. 하지만 철사로 된 어미와 함께 생활한 원숭이는 우유를 소화하는데 어려움을 겪으며 설사를 자주 했습니다. 부드러운 테리 소재의 따뜻한 어미를 경험해 보지 못한 원숭이는 정서적인 안정을 갖지 못했고 이것은 스트레스로 이어졌습니다.

할로 박사는 원숭이에게 양질의 먹이를 주고 윤택한 환경을 만들어주면 비록 엄마와 떨어져 있더라도 잘 성장할 것이라고 예상했습니다. 그러나 결과는 빗나갔습니다.

신체는 발달했지만 정서적으로 이상 증세를 보였습니다. 계속 손가락을 빨며 자신을 학대하는 자해행위를 하고 우리

안에 깔아준 부드러운 소재에 집착을 보였습니다. 배가 고플 때 잠깐 우유 통이 꽂혀 있는 철사로 된 어미 인형에게 갔을 뿐 하루 18시간을 동안 헝겊 엄마를 껴안고 있었습니다. 무서운 상황이 나타나고, 낯선 환경으로 옮겨질 때도 아기 원숭이는 헝겊 엄마 인형으로 달려가 떨어지지 않으려고 했습니다. 게다가 이후 성인이 된 원숭이는 자녀를 돌보는데도 영향을 미쳤습니다. 철사로 된 어미 대리모에서 자란 원숭이는 자신의 자녀를 돌보지 못하였으나 천으로 된 어미 대리모에서 자란 원숭이는 자녀 원숭이를 돌보는 것까지 밝혀냈습니다(Harlow, 1958).

1958년 심리학회에서 매우 주목받은 연구 결과였습니다. 의심할 여지 없이 심리학의 고전 중 하나입니다. 오늘날까지도 이 연구는 자녀 양육의 교과서처럼 등장하는 내용입니다.

이 실험 이후 자녀 양육 방법은 큰 파장을 일으켰습니다. 초기 아동기 경험 중 부모의 온정적인 돌봄은 정서, 인지, 사회성 등 발달영역에 상당한 영향을 미친다는 사실을 알게 되었습니다. 아동기의 정서 결핍은 성인기에도 그대로 나타났으며 자녀를 돌보는데도 어려움이 보인다고 했습니다.

2차 세계대전이 끝나고 부모를 잃은 많은 아동이 보육원에 맡겨졌습니다. 보육원에서 돌봄은 잘 받고 자랐습니다.

하지만 아이들의 발달이 지연되는 현상이 나타났습니다.

이처럼 연구자 스피츠는 양육자와의 상호관계 경험이 부재한 보육원 아동의 경우, 발달상의 문제가 발생할 수 있다고 했습니다.

3부

영유아기 - 그 행복에 대하여

1. 좋은 유전자도 좋지만 기쁨의 관계가 더 행복하다

1938년부터 2023년 현재까지 84년째 이어지고 있는 하버드 대학교 성인발달연구소의 결과는 행복한 유아기는 정신질환을 예방하며, 더 나아가 조기 사망이나 만성질환까지도 예방할 수 있다고 보고하였습니다(Robert Waldinger).

하버드대 의대 교수『행복의 비밀』[6] 저자인 조지 베일런트(George Vaillant, 1934~)는 1966년부터 42년간 하버드대학교 성인발달연구소 소장을 지냈습니다. 그 과정에서 어린 시절의 경험이 성격 형성에 영향을 미쳐 인생을 좌우한다는 것을

---

6) 역자 최원석, 21세기북스, 2013.

밝혀냈습니다.

성공적 삶을 위해서는 어린 시절의 경제적 풍요나 사회적 특권이 아니라 사랑하고 사랑받았던 경험이 중요한 것으로 나타났습니다. 사랑받지 못하고 자란 아이는 사랑받고 자란 아이보다 70세에 심각한 우울증을 경험한 비율이 8배 더 높았습니다. 어린 시절 어머니와 따뜻한 관계를 갖지 못한 사람일수록 노년기에 치매에 걸린 비율이 높았고, 아버지와 관계가 좋지 않았던 사람일수록 결혼생활이 불행했습니다.

우리나라 연구에서도 어린 시절 행복한 유아기를 보낸 아동은 여러 사건 속에서 믿음, 자율성, 창의력, 자아존중감, 사고력, 신체적 건강, 긍정적 인간관계와 사회적 유능성 등을 획득한다고 했습니다. 이러한 요소들은 유아의 정서적 안정뿐만 아니라 장래의 뛰어난 학업 성취도와 질 높은 사회적 관계를 형성하며, 이는 결국 청소년기, 성인기, 노년기에 이르기까지 삶의 전반에 영향을 미친다고 보고합니다. 따라서 행복은 성인이 된 이후의 삶에 존재하는 단편적인 것이 아니라, 매우 이른 시기부터 시작하여 지속적으로 삶의 질과 인간 발달에 영향을 미치는 중요한 요소라고 말합니다.

외둥이보다는 형제자매가 있고 어머니가 취업을 하지 않았을 때 영유아기 행복지수가 높은 것으로 나타났습니다. 부모라면 누구라도 내 자녀가 평생 행복하게 잘 살기를 바랄 것입니다.

베일런트 박사에 이어 하버드 성인발달연구소 소장이자 『좋은 삶(The Good life)』[7]의 공동 저자인 로버트 월딩거 박사가 행복에 대한 세계 최장의 과학적 연구에서 얻은 교훈을 다음과 같이 말합니다. 어떻게 하면 행복하게 잘 살까? 그 해답은 로버트 월딩거 박사가 84년째 연구하고 있는 하버드 성인발달연구소에서 다시 결과가 나왔습니다.

불행한 어린 시절을 겪은 사람일수록 70대 정도에 육체적, 정신적 건강 문제가 두드러졌다고 했습니다. 돈이나 명성 이상의 온정적인 친밀한 관계는 사람들을 평생 행복하게 해주는 것이라고 이 연구는 밝혔습니다.

친밀한 유대관계를 가지고 있는 사람일수록 삶의 불만으로부터 보호받고, 정신적, 육체적 쇠퇴를 지연하는데 도움이 된다고 했습니다.

사회적 계급보다, 높은 IQ보다, 심지어 뛰어난 유전자보다 친밀한 관계는 오랫동안 행복한 삶을 잘 보장해 준다는 것을 알 수 있습니다.

---

7) 로버트 월딩거(Robert J. Waldinger)·마트 슐츠 박사(Marc Schulz Ph.D), 『좋은 삶(The Good life)』, Kindle Edition, 2023.

2. 생후 4개월 된 아이도 부모의 표정을 읽는다

컬럼비아대학의 뉴욕 주립 정신의학 연구소의 베아트리체 베베(Beatrice Bebe) 박사는 40년 이상 엄마와 아기의 의사소통에 대해 분야별로 비디오를 찍으며 미세 분석을 수행해 왔습니다.

베베 박사는 엄마와의 대면놀이 분석을 통해 엄마와 자녀 관계의 상호 애착 유형을 예측할 수 있었으며 성인의 어린 시절(엄마) 성장 시기에 애착 스타일을 알 수 있었습니다. 한편, 2016년 자녀의 감정 표현을 살피기 위해 생후 4~12개월 된 여러 명의 자녀를 놓고 아기발달연구소에서 테스트를 했습니다. 단, 2분 30초 동안 촬영한 비디오 영상을 1초 단위로 분석하여 부모와 함께 얘기를 나누었습니다.

각자 부모는 자녀를 유모차에 눕히고 자녀와 얼굴을 마주 보며 부드럽고 밝은 표정으로 상호작용을 즐겁게 합니다. 이때 자녀는 소리도 내고 손도 흔들며 반응하고 크게 미소를 지으며 엄마, 아빠의 표정에 행복감을 느낍니다. 잠시 뒤 엄마, 아빠는 연구자의 지시에 따라 굳은 표정을 짓고 어떠한 행동도 없이 가만히 쳐다만 봅니다. 또는 핸드폰만 보며 아이와는 얼굴을 마주하지 않습니다. 아이들은 어떤 반응을 했을까요? 놀랍게도 모든 아이는 이게 갑자기 무슨 상황인가 싶어 눈을 더욱 크게 뜨며 긴장된 표정을 짓습니다. 아이는 부모를 다시 즐거운 표정으로 되돌리기 위해 소리도 내 보고 계속해서 부모 눈치를 살피기도 하지만 반응이 없자 울기 시작합니다. 부모가 다시 다정한 모습으로 얼굴을 마주하자 아이들은 안도하며 행복한 표정으로 돌아옵니다.

베아트리체 베베 박사와 그녀 동료들과의 실제 실험실 영상과 인터뷰에 초점을 맞춘 2분 30초짜리 다큐멘터리는 큰 울림을 불러일으켰습니다. 부모-자녀 상호관계 질에 따라 아이의 표정 변화와 행동이 어떻게 변하는지 여러분도 보시면 놀라울 정도입니다. 꼭 한번 찾아보시길 부탁드립니다.[8]

---

8) Edward Tronick, Ph,D/ Still Face Experiment/ Still Face with Dads
   "Debrief"/A Conversation with Dads/ youTube.

3. 상호관계의 질에 따라 발달의 차이가 난다

— 아이가 배 고플 때마다 수유하는 엄마
— 수유 시간이 되었다고 깊이 잠든 아이를 깨워 수유하는 엄마

이 두 사람 모두 자녀를 사랑하는 마음은 똑같습니다. 그러나 접근 방법은 매우 다르지요.

한 사람은 아이의 욕구에 맞춰 엄마가 행동을 하고, 한 사람은 엄마의 욕구에 맞춰 아이를 행동하게 합니다.

새들이 부화해 눈도 뜨지 못하지만 잠을 자다가도 배가 고프면 입을 크게 벌리는 모습을 볼 수 있습니다. 아이들도 그렇습니다. 잠을 자다가도 배가 고프면 입을 내밀며 쭉쭉 빠는 시늉을 합니다. 이때 엄마는 예민하게 자녀를 살펴서

충분히 수유를 하는 것이 좋습니다.

생후 얼마 안 된 아이는 먹는 것보다 잠을 잘 자는 것이 중요합니다. 하루 20시간 정도 잠을 자지만 발달의 유전자 프로그램은 잠을 자면서도 배가 고프면 입을 내밀어 쪽쪽 빠는 시늉을 하도록 짜여 있습니다. 이때 엄마는 편안하게 수유를 하면 됩니다.

간혹 시간에 맞춰 먹어야 되는 것을 더 중요하게 생각하는 엄마들이 있습니다. 자녀가 배고파 울어도 시간이 안 되었다고 수유를 하지 않거나, 깊이 잠든 아이를 안고 억지로 수유를 하기도 합니다. 이 차이점의 시작은 자녀의 성격 형성과 밀접한 관련이 있습니다.

욕구에 맞게 수유를 받은 아이는 타인과 자신에 대한 신뢰감이 높고 자기 통제를 하는 첫 출발점의 시작이 긍정적이게 됩니다. 이 과정을 심리학자 에릭슨은 신뢰감 대 불신감이라는 용어로 정리했습니다.

즉, 신뢰의 시기까지는 부모가 절대적으로 아이의 욕구에 맞춰줘야 합니다. 그래야 세상이 내가 원하는 대로 움직여 주는구나, 하는 안정된 정서로 출발하여 행복감을 만끽합니다. 반대로 울어도 욕구를 무시당하고, 깊은 잠을 자는데 깨우는 행동은 왜 이렇게 나를 힘들게 해, 하는 불편한 감정을 반복적으로 접하게 되면, 말 못 하는 영아기는 수면의 질이 떨어져 자주 보채고, 부모의 양육을 힘들게 하기 시작하는 출발점이 됩니다.

1) 생후 1단계: 1년 / 기본적 신뢰 대 기본적 불신
— 소망(hope), 탐식(gluttony)

에릭슨의 심리사회적 발달이론은 일생 동안 인간의 심리적 발달을 설명하는 틀입니다. 이 이론에 따르면, 개인은 각각 독특한 심리적 도전이나 위기를 겪는 8단계의 발달과정을 거친다고 합니다.

여기에서는 4단계까지만 이야기하겠습니다. 이러한 단계는 일정한 순서로 발생하며, 각 단계의 도전을 성공적으로 해결하면 건강한 심리적 발달로 이어진다는 이론입니다.

에릭슨 이론의 첫 번째 단계는 신뢰 대 불신입니다. 태어날 때부터 약 18개월까지 발생하는 신뢰 및 불신. 이 단계에서 유아는 자신에게 필요한 것이 얼마나 잘 충족되는지에 따라 보호자를 신뢰하거나 불신하는 법을 배웁니다.

유아는 음식, 편안함, 그리고 안전과 같은 모든 것을 보호자에게 의존합니다. 그들의 요구가 지속적으로 충족된다면,

보호자와 주변 세상에 대한 신뢰감이 발달합니다. 하지만, 요구가 충족되지 않으면, 불신감을 갖게 되고, 이것은 불안감과 불신감으로 이어질 수 있습니다.

따라서 보호자가 유아의 신뢰감을 키우기 위해서는 유아에게 일관되고 신뢰할 수 있는 돌봄을 제공하는 것이 필수적입니다. 신뢰가 발달한 유아는 생전에 건강한 관계를 맺을 가능성이 높은 반면, 불신이 발달한 유아는 친밀한 관계 형성과 타인을 신뢰하는 데 어려움을 겪을 수 있다는 것입니다.

유아가 생의 초기에 처음으로 맺게 되는 사회관계는 부모가 유아의 신체적, 심리적 욕구와 유아에게 필요한 것을 적절히 충족시켜 주느냐에 따라 결정됩니다.

양육자가 일관성 있게 돌보아 주면 유아는 어머니 또는 돌보아주는 사람을 신뢰하게 됩니다. 예를 들어, 배가 고프거나 오줌을 쌌을 때 어머니가 곧 이를 알아차려 그의 요구에 잘 응해주고 이런 경험이 반복되었을 때 어머니가 금방 자신에게 필요한 것을 충족시켜주거나 고통을 덜어줄 것이라고 기대하게 됩니다. 또한, 어머니가 잠시 아기 곁을 떠나도 아기는 계속 울거나 불안해하지 않고, 어머니가 다시 올 것이라고 믿고 기다린다는 것입니다. 그래서 이 단계를 신뢰의 '얻음'이라고 표현하기도 하고 희망(hope)이라고 표현하기도 합니다.

반대로 주 양육자가 자주 바뀌거나 주 양육자가 본인의 기분에 따라 양육 태도가 바뀌면 아이는 세상을 믿지 못하게 됩니다. 더구나 양육자가 우울에 빠져 있어 돌봄이 일정하지 않는 상황이 반복되면 아이는 매사 긴장을 하며 사람을 믿지 못하는 불신이 생깁니다. 이 단계를 불신을 '얻음' 탐식 (gluttony: 대식, 식탐이 많음)이라고 표현하기도 합니다.

성장해서는 매사 부정적인 생각을 먼저 하고, 감정 조절에 어려움이 있으며, 배가 부른데도 먹을 것을 보면 참지 못하는 모습으로 나타날 수 있습니다. 과도한 흡연, 과도한 음주 등도 같은 맥락이라고 볼 수 있습니다.

2) 생후 2단계: 1~3세 / 자율성 대 수치와 의심
— 의지(will), 분노(anger)

이 단계는 1~3세 사이에 발생하며, 자신의 신체와 환경에 대한 자율성이나 자기 통제력이 발달하는 것이 특징입니다.

걷고, 말하고, 주변을 탐험하는 것을 배웁니다. 무엇을 입을지, 무엇을 먹을지와 같은 선택을 함으로써 독립성을 주장하기 시작합니다. 부모나 보호자가 자율성의 시도를 지지한다면, 아이는 자신감과 환경에 대한 통제력을 키울 것입니다. 그러나 부모나 보호자가 지나치게 비판적이거나 제한적인 경우, 아이는 자신의 능력에 대한 수치심과 의심을 갖게 되고 자신에 대한 확신이 없어질 수 있습니다.

또한, 정체성을 발달시키고 그들의 세계를 탐색하는 것을 배우는 시기입니다. 부모와 보호자는 자녀가 탐색하고 실수하면서 성장할 수 있는 지원 환경을 제공하는 동시에 지침과 경계를 제공하는 것이 중요합니다. 이것은 아이가 건강한 자율성과 자존감을 발달시키는데 도움을 줍니다.

에릭슨에 의하면 이 시기 유아는 여러 개의 상반되는 충동 사이에서 스스로 선택을 하려고 하며, 이러한 과정을 통하여 자신의 의지를 나타내고자 한다고 합니다. 즉 자율성을 가지려고 한다는 것입니다. 이 단계 유아는 근육의 발달로 대소변의 통제가 가능하며, 자기 발로 서서 걷게 되면서부터 자기 주위를 열심히 탐색하게 되고, 음식도 남의 도움을 받지 않고 자신의 힘으로 먹으려고 합니다.

이러한 자율성은 그들의 언어에서도 나타나는데 '나', '내 것' 등의 말을 자주 반복하여 사용하며, 특히 "안 해!"라는 말을 씀으로써 자기주장을 확실하게 합니다. 이와 같이 유아가 자신의 의지대로 행동하려고 하면, 부모는 유아가 사회적으로 적합한 행동을 하도록 훈련시키기 시작합니다. 예를 들면, 용변 훈련을 통하여 때와 장소를 가릴 줄 알도록 하는 것 등입니다.

이러한 과정에서 유아는 사회의 기대나 압력을 알게 됩니다. 만일 이때 용변 훈련에서 실수를 한다든지, 걷기, 뛰기 같은 신체적 통제나 자기조절 능력이 충분히 발달하지 못해서 사회적 기대에 적합한 행동을 원활하게 수행하지 못하면 수치심과 의심을 경험하게 됩니다.

수치심이란 자신이 타인들의 눈에 좋게 보이지 않는다고 생각할 때 갖는 느낌입니다. 예컨대, 오줌을 싼 유아는 타인들이 자신의 이러한 모습을 볼까 봐 부끄러워하게 됩니다.

의심은 자신이 강한 존재가 아니며, 타인에 의해 자기가 통제받는다는 것을 느끼게 되면서 나타나게 됩니다. 이 시기 양육자가 신경 써야 하는 것은 바로 '통제(holding on)와 허용(letting go)'입니다. 아이가 스스로 무언가 해 보려 할 때 좋은 부모는 적절한 통제와 허용을 통해 아이가 자신의 의지를 잘 발현할 수 있도록 도와주는 것입니다. 무조건 올바르고 완벽한 것을 요구하는 것이 아니라 적절히 아이의 수준에 맞추어 자율적 시도를 허용하고 인정할 줄 아는 것이 좋은 엄마의 모습입니다. 중요한 것은 적절한 통제와 허용을 해야

지 지나치게 관대하거나 지나치게 엄격한 것은 아니라는 것
을 기억해야 합니다.

적절하지 못한 통제나 허용은 아이에게 분노(anger)를
경험하게 합니다. 분노란 자기의 의지가 관철되지 않거나 자
신의 가치 혹은 존엄성을 해친다고 생각할 때 발생하는 감정
입니다. 자신이 사랑의 동기로 행한 행동이 처벌을 받게 될
때 분노를 느끼고 그것을 내면화하려는 경향이 있습니다. 자
신의 자존감(self-esteem)에 상처를 받기 때문이기도 합니
다. 남들에게 이러한 동정을 받을 때 감사의 표현을 하지 못
하고 오히려 적대감을 표현하기도 합니다. 남이 보여주는 동
정이나 도움을 자신의 의지가 인정받지 못하고 무시되는 것
으로 이해하기 때문이기도 합니다. 이런 의미에서 분노란 의
지를 행할 수 없는 무능력이 되기도 합니다.

사례를 들자면 평소 불안도가 높은 주황이 엄마는 매사
에 자녀의 일거수일투족을 통제하고 간섭하였습니다. 작은
일에도 크게 놀라고 아이가 조금이라도 자신의 기대와 다르
게 행동하면 크게 야단을 쳤습니다. 그러나 물건은 무엇이든
원하는 대로 모두 사주었습니다. 집에는 장난감 가게처럼 많
은 물건이 넘쳐났습니다. 하지만 주황이는 마트에 가면 똑같
은 물건을 또 사달라고 하거나 외부에서 한번 고집을 부리면

바닥에 드러눕고 통제가 되지 않았습니다. 이유는 마트의 혼잡한 물건들과 사람들의 틈새에서 불안감과 안전에 대한 위협을 느끼기 때문이었습니다. 게다가 자신을 보호할 수 있는 유일한 장난감에 꽂혀 있기 때문이기도 했습니다. 더구나 매사 통제를 심하게 받고 자라 외부에서 여러 사람이 있는 상황에서 통제의 불안도가 올라올 때면 조절이 되지 못하고 다른 아이처럼 행동했습니다.

자녀와 타인의 안전과 연관된 행동은 명확하게 설명하고 제제가 필요하지만 그것이 아니라면 아이가 뛰어놀며 스스로 조절할 수 있는 행동을 통해 지지해 주고 기다려주는 것이 필요합니다. 아이는 부모의 평소 행동을 배우고 자라기 때문에 부모의 모습은 아이의 거울입니다.

3) 생후 3단계: 3~6세 / 주도성 대 죄책감
— 목적(Purpose), 억제(suppress)

주도성 대 죄책감은 에릭 에릭슨이 그의 심리사회적 발달이론의 일부로 제안한 심리사회적 발달 3단계입니다. 보통 3세에서 6세 사이의 유아기에 발생합니다.

이 단계의 아이들은 주변의 세계를 탐험하고 교류하면서

주도권을 발달시킵니다. 학습을 시작하고, 활동을 계획하고, 스스로 목표를 세우기 시작합니다. 이러한 진취성은 목적의식과 성취감을 형성하고 자존감을 기르는 데 중요합니다.

하지만 아이가 자신의 행동에 대해 비난을 받거나 낙담하게 되는 일이 발생하면, 아이는 죄책감을 갖게 될 수도 있습니다. 자신의 행동이 잘못되었거나 목표를 달성할 능력이 없다고 느낄 수도 있습니다. 이것은 자신감의 부족과 위험을 감수하는 것에 대한 두려움으로 이어질 수 있습니다.

따라서 부모와 보호자는 아이가 탐색하고 주도적으로 행동하도록 장려하는 동시에 지원과 지침을 제공하는 것이 중요합니다. 그렇게 함으로써, 아이는 일생 동안 자신에게 도움이 될 능력과 자신감을 기를 수 있습니다.

에릭슨의 이론에서 이 시기에 부모가 아이의 주도적 활동과 환상을 처벌하거나 억제하면, 아이는 새로운 활동을 나쁜 것이라고 느끼고 죄책감을 발달시킵니다. 목표는 아동의 놀이와 환상에 근원을 두고 있습니다. 아동에게 놀이란 어른의 생각 혹은 계획에 비교할 수 있습니다.

"목표란 유아가 환상의 포기나 처벌에 대한 불안, 혹은 죄책감에 의해 억제되지 않고 가치 있는 목적을 추구하고 생각하는 용기이다. 목표는 목적과 방향을 제공하며, 현실에 기반을 둔 환상에 의해 키워진다. 죄책감에 의해 제한되지만 억제되지는 않는다. 그러나 이 시기에 지나치게 아이의 주도권을 억누르면 아이의 내적 심리는 늘 인정받아야 한다는 욕구로 가득차게 된다."

이것이 아이에게는 지나친 욕심 즉, 탐욕으로 나타나게 됩니다. 이런 성향으로 자라난 아이에게 외부 세계는 자기 탐욕의 대상이 되기도 합니다. 목적이 없는 채로 인생을 살아갈 수도 있습니다.

4) 생후 4단계: 6~12세 / 근면성 대 열등감
　— 유능(Competence), 무력(powerless)

에릭슨의 심리사회적 발달이론의 네 번째 단계로, 6세에서 12세 사이에 발생합니다.

　이 단계에서 아이들은 생산적이고 의미 있는 일에 참여하고, 성공적으로 일을 완수할 수 있는 능력을 의미하는 근면 감각을 발달시키기 시작합니다.

　그들의 또래들과 자신들을 비교하기 시작하고 유능하고

능력 있다고 느끼는 것들을 성취하기 위해 노력합니다. 자신들의 성취에 대한 자부심과 성공을 이루기 위해 열심히 일하고 싶은 욕구를 발달시킵니다. 이것은 긍정적인 자존감과 자신감으로 이어집니다.

그러나 아이가 근면 감각을 발달시키지 못하고 또래들보다 열등하다고 느낀다면, 부족함과 낮은 자존감의 감정을 경험하게 될 것입니다. 이것은 동기부여의 부족과 무력감을 초래할 수 있습니다.

전반적으로 일상의 성공적인 해결책과 성실한 단계는 건강한 심리 발달에 필수적인 능력감, 자신감, 목적의식의 발달로 이어집니다.

에릭슨은 이 4단계를 자아 성장의 결정적인 시기로 보았습니다. 이 시기 어린이는 기초적인 인지적 기술과 사회적 기술을 습득하게 되면서, 가족의 범주를 벗어나 더 넓은 사회에서 통용되는 유용한 기술들을 열심히 배우며 이를 숙달하고자 합니다.

만일 이 시기에 근면성이 발달하지 못하고 실수나 실패를 거듭하게 되면, 아이는 부적절감과 열등감을 갖게 됩니다. 이러한 열등감은 전 단계에서 성공적으로 갈등을 극복하지 못했을 때나, 혹은 학교나 사회가 어린이에 대해 편견적 태도를 취할 때 발달되기 쉽습니다.

임상 현장에서 아이가 또래나 선생님들로부터 차별적 대우 때문에 학교에 가기 싫어한다는 말을 종종 듣습니다. 발달사를 따라가 보면 이미 이전 단계부터 아이의 문제 행동이 나타났으나 미처 깨닫지 못하고 고쳐 지겠지, 하는 생각으로 기다려준 경우가 대부분입니다.

자기주장과 자기 결정권이 생기는 이때의 아이는 성공 경험과 성취감을 느끼고 싶어 합니다. 그래서 또래들보다 못하는 모습을 보여주기 싫고 "나도 잘한다"는 것을 보여주며 인정받고 싶어 합니다. 반대로 주변 사람들에게 지적받거나 놀림을 받게 되면 부정적 감정들이 올라와 온순한 아이는 아무것도 안 하려고 하는 회피적 모습을 보일 수 있습니다.

반면 본인 주장이 강한 아이는 외부에서 부정적 요소가 들어오면 충동적인 모습으로 과격한 행동의 악순환이 반복되는 경우가 있습니다.

이 시기에 자주 나타나는 행동 모습입니다.

4. 아이의 발달 증진을 도와주는 양육

1) 아이를 충분히 기어 다니도록 해라

만 2~3세가 되었는데도 중심을 못 잡고 자주 넘어지는 경우가 있습니다. 힘 조절을 못해 옆의 아동을 세게 밀어 넘어지게 하는 경우를 종종 보기도 합니다. 손끝에 힘이 없어 가벼운 플레이도우 뚜껑도 잘 열지 못하고 가위질을 못하는 경우도 많습니다.

이런 경우 보통 정상 발달 과정에서 부모의 유전적인 특성을 강하게 받기 때문에 첫째는 양쪽 집안의 유전적인 경향이 어떤지를 먼저 살펴야 합니다.

그다음은 환경적인 상황이 어떤지를 살펴봅니다.

영아기 때 자녀가 마음껏 기어 다니도록 하는 즐거움의 시간을 충분히 주지 않거나 어린이 보육 기관에 6~9개월 전부터 일찍 맡기거나 집에서도 부모가 무조건 안고 있거나 보행기에 태워 놓는 경우입니다. 이것은 손 근육의 힘 조절 능력과 협응 능력을 떨어지게 합니다. 또한, 두뇌 발달에 상당한 영향을 미칩니다.

아이는 제때 맞게 몸의 운동 발달이 형성됩니다. 백 일쯤 되면 혼자서 뒤집기를 하고 이때 머리를 들고 버티는 연습을 스스로 합니다. 그다음엔 몸을 뒤집어 손에 잡히는 대로 물건을 잡고 놀기 시작합니다. 그러다 충분한 연습이 끝나면 스스로 앉아서 놀기 시작합니다. 다양한 감각 놀이를 하며 모든 물체를 손으로 만지고 입으로 먹어 보며 딱딱한지, 부드러운지, 손에 잡히는지 안 잡히는지, 무거운 것인지 가벼운 것인지를 파악합니다. 사물의 느낌을 알기 시작하는 때이며 엄마와의 소통이 시작되는 첫 단추입니다.

발달 과정을 한 단계라도 건너뛰면 반드시 운동 통합능력에 불균형이 생겨 사회에 적응하는데 상당한 시간이 필요하게 됩니다. 아이는 충분히 기어 다니며 신체 통합능력을 촉진할 필요가 있습니다. 사회성까지 영향을 미치기 때문입니다.

2) 영유아기 때 기어 다니는 것을 충분히 하면 좋은 점

(1) 근육 강화를 도와줍니다. 기어 다니는 것은 팔, 어깨, 상체 근육을 강화시켜 아기가 일어나 앉을 준비를 하고 걸을 수 있도록 도와줍니다.

(2) 조정력 향상을 하도록 도와줍니다. 기어 다니는 것은 아이의 팔과 다리의 조절력을 향상하게 해줍니다.

(3) 그로스 운동 기술을 개발합니다. 기어 다니는 것은 아이의 공간 인식과 균형을 발달시키는 것을 돕는 중요한 그로스 운동 기술입니다.

(4) 인지발달을 강화시켜줍니다. 기어 다니는 것은 유아가 문제를 해결하고 공간과 깊이를 인식하도록 격려해주는 역할을 합니다. 뇌를 자극하고 인지발달을 향상하는데 도움을 줍니다.

(5) 사회성을 증가시켜줍니다. 기어 다니는 것은 아기가 자신의 환경과 다른 사람과의 상호작용을 할 수 있게 해주며, 사회적 기술과 관계를 발전시키는데 도움을 줍니다.

(6) 자립심 형성에 도움이 됩니다. 기어 다니는 것은 유아가 주변 환경과 자신의 환경을 스스로 탐색하는 법을 배우고, 독립심과 자립심을 발달시키는 데 도움을 줍니다.

(7) 전반적으로, 기어 다니는 것은 어린이의 신체적, 인지적, 사회적 발달에 다양한 이점을 제공하는 중요한 발달 이정표입니다. 유아가 기어다니도록 장려하고 안전하고 자극적인 탐험 환경을 제공하는 것은 건강한 발달을 촉진하고 미래의 이정표를 준비하는 데 도움이 됩니다.

발달증진법: 자녀가 손에 힘이 없고 자주 넘어지는 경우 하는 운동법입니다. 아이를 토끼 걸음 시키는 법도 좋고, 손을 바닥에 대고 엉덩이를 들고 기어 가게 하는 것도 좋습니다. 아이가 손을 바닥에 대고 부모는 아동의 발을 잡아 기어 가도록 합니다. 일명 리어카를 끄는 운동법입니다. 또 발을 낮은 곳에 올리고 손을 바닥에 대고 꽃게 걸음처럼 옆으로 가는 연습을 시킵니다. 이때 모든 힘을 손끝에 주게 하고 이 연습이 충분하게 되면 무거운 것을 들게 합니다.

예를 들어, 엄마를 도와 달라고 하면서 설탕 봉지 2~3킬로그램도 좋고 살짝 무거운 짐을 옮기게 하는 것도 좋습니다. 그러면 엄마를 도와주었다는 성취감도 느끼고 무거운 것과 가벼운 것의 차이를 알게 됩니다. 손의 힘 조절을 통해 발달을 촉진하는데 매우 효과적입니다.

3) 침을 많이 흘리는 아동

일반적으로 20개월이 지나면 침을 흘리지 않는 것이 정상입니다. 이가 나는 시기에는 침을 많이 흘릴 수도 있지만 30개월이 되었는데도 앞 턱받이 수건이 침으로 범벅이 되는 경우가 있습니다.

신경학적 조건으로 침을 삼키는 것과 침을 조절하는 근육을 완전히 발달시키지 못했을 수도 있습니다. 양가 가족의 유전적인 특성에 별 이상이 없다면 영아기 때 옹알이를 충분히 하지 않았거나, 신체 활동 부족일 수도 있으며, 언어발달이 늦는 경우 얼굴 근육과 목의 힘을 조절하는 신경발달의 통합이 이루어지지 않아 일어나는 현상입니다.

혀 운동을 많이 시킬 수 있는 질감의 음식 섭취가 도움을 줍니다. 바삭바삭한 과일과 채소, 예를 들어, 사과, 당근, 셀러리와 같이 아삭아삭한 식감을 가진 음식은 씹고 삼키는데 관련된 근육을 자극하는 데 도움을 줍니다. 차가운 음식을 줘도 괜찮습니다. 차가운 음식은 순간 혀를 마비시켜 침을 멈추게 하는 효과가 있습니다. 요플레 정도는 괜찮습니다.

쫄깃쫄깃한 음식도 도움이 됩니다. 육포, 말린 오징어다리, 말린 과일 등의 음식은 씹고 삼키는 것과 관련된 근육을 강화하는데 도움을 줄 수 있습니다.

혀 운동을 하도록 돕습니다. 혀로 똑딱똑딱 소리내기, 비눗방울 불기, 촛불 끄기 등이 있습니다. 노래를 많이 부르도록 엄마가 동요를 불러주고 손뼉을 치게 하며 손으로 끈을 잡고 잡아당기는 놀이도 추천합니다. 밀가루 반죽을 두껍게 하여 나무젓가락으로 구멍 뚫기 놀이도 추천합니다. 무엇보다 외부 활동을 충분히 하면서 달리기나 잡기놀이를 하는 것도 좋습니다.

4) 두 돌이 다 되어가는데 말을 못해요

자녀의 언어가 안되면 부모가 가장 빨리 알아차리게 됩니다. 주위 또래들은 이름을 부르면 대답도 하고, 간단한 것 등을 물어보면 반응하고 엄마와 함께 상호작용도 합니다.

책을 보며 동물 이름을 말하며 손으로 가리키고 지시하면 찾아서 가져오기도 합니다. 그런데 내 자녀가 말을 안 하고 있으면 걱정이 앞서기 마련입니다.

만약 자녀가 말을 잘하지 못한다면 다음 사항을 확인해 보시길 바랍니다.

■ 첫 번째 확인할 사항

— 의학적으로 이상이 없는지 확인합니다(예, 청력손실, 뇌 기능 이상, 유전자 이상 등).

— 언어 외 다른 발달은 모두 정상인지 확인합니다.

— 언어는 이해하는데 표현만 안 되는지 확인합니다.

— 부모나 가족 중에 언어발달이 늦었는지 확인합니다.

— 양육 과정 중에 전자기기(TV, 스마트폰, 태블릿 PC 등)에 과하게 노출된 시간이 많은지(여기서 말하는 것은 하루 2시간 이상) 확인합니다.

— 주 양육자가 자주 바뀌었는지 확인합니다.

— 주 양육자가 산후 우울증을 오랫동안 앓았는지(최소 3개월부터 8개월까지) 확인합니다.

— 일찍 태어난 미숙아는 뇌와 언어 능력이 완전히 발달하지 않았을 수 있기 때문에 언어 지연의 위험이 더 높을 수 있습니다.

— 양육자와의 상호작용이 부족했거나, 외상적 스트레스가 많은 환경에 노출되거나 영양실조와 같은 요인들도 언어 발달에 영향을 미칠 수 있습니다.

※ 언어가 늦을 경우 이러한 것들을 체크해 보고 전문가를 찾아 상담받을 것을 권유합니다.

5) '혼자만 노는 아이' 관찰이 필요합니다

최근 들어 두드러진 현상 중 하나가 자폐스펙트럼장애 아동이 우려될 정도로 많아지고 있다는 것입니다.

2021년 기준 미국 질병관리청 기준에 따르면 54명당 1명으로 나타나고 있으며 일부에서는 45명당 1명으로 보고하기도 합니다.

일선 유치원이나 초등학교 교사들도 해마다 증가한다고 이야기합니다. 아동 상담 현장에서도 갈수록 늘어가는 것이 확인되고 있습니다.

2021년 우리나라 통계에 따르면 자폐스펙트럼장애는 남자 아동에게서 많이 나타나며 통계적으로도 여자아이보다 6배가 많다고 합니다.

(1) 남자아이에게 자폐스펙트럼장애가 많은 이유

처음에는 저도 이유를 몰랐지만 박사학위 논문을 쓰면서 원인을 알게 되었습니다. 우리 몸의 세포핵은 성염색체를 가지고 있습니다. 남성의 몸에는 Y-chromosome(성염색체), X-chromosome(성염색체)가 있는 반면, 여성의 몸에는 XX

염색체만 2개가 있습니다.

남성의 Y 염색체는 심한 스트레스를 받게 되면 부정적으로 분열시켜 파괴성을 만들지만 여성의 X 염색체는 심각한 스트레스 상황이 발생하면 본능적으로 보호막을 만들어 더 이상 나빠지지 않도록 돌보아줍니다. 이렇다 보니 남성의 성염색체 xy를 가진 남자아이는 스트레스에 노출되었을 때 충동적으로 세포를 파괴시켜 신경발달에 이상이 생길 수밖에 없습니다.

근원적인 생물학적 차이로 오는 현상을 누가 막을 수 있겠습니까. 편견 없이 자녀를 잘 돌봐줘야 하지만 남자아이는 어릴수록 인내력이 약하고 충동성이 강해 본인 뜻대로 안 되면 참기 어려운 과정에 있다는 것을 부모는 충분히 이해해야 합니다.

여아든 남아든 영유아기 때는 충분한 돌봄을 받아야 하지만 특히 남자아인 경우 신경을 더 써야 합니다. 심하게 야단을 치거나 활동을 제한하고 다그치는 행동도 자제해야 합니다. 외부의 활동적인 놀이를 자유스럽게 많이 하게 하고 뛰어놀 수 있는 환경도 여아보다 남아에게 더 많이 필요합니다. 여성이 돌봄을 잘하는 이유가 근본적인 생물학적 세포에서 다른 출발을 하는 이유이기도 합니다.

(2) 실제 사례

유전학적 원인이 있던 부부는 아들 둘을 낳고 딸 셋을 낳았습니다. 그런데 아들 둘은 모두 출산 후 바로 잘못되어 하늘로 가고, 딸 셋은 무사히 자라났지만 딸 셋마저 모두 유전학적 발달 장애 진단을 받았습니다.

유전학적 취약성으로 자녀가 비록 장애 진단을 모두 받았지만 이 부부의 자녀에 대한 사랑과 보살핌은 주변을 감동시켰습니다. 이를 통해서도 알 수 있듯이 남자아이의 유전적 돌연변이로 인한 취약성은 자폐스펙트럼장애에서도 같은 맥락의 증상을 보일 가능성이 더 높다는 것을 알 수 있습니다.

① 원인

핵심은 가족의 유전적 요인이 자폐성 어린이의 68%에 해당된다는 것입니다. 다른 한편으로는 독소, 차량 매연, 대기 오염, 기형 물질 및 임신 시 열악한 환경에 태아 노출, 반복 항생제 투입 및 수은 노출이 상당한 관계가 있다는 것입니다.

최근 우리나라 상황을 보면 만혼 부부가 늘어나면서 고연령의 출산이 원인이라는 보고도 있습니다. 이를 통해 유전적 요인과 환경적 요인 모두 자폐스펙트럼 발생의 가능성이 높다는 것을 알 수 있습니다.

② 증세

유아기 자폐스펙트럼장애의 특징은 생후 30개월 이내에 발생하며 사람과의 대응력 부족, 의사소통 기술의 총체적 손상, 환경의 다양한 측면에 대한 이상 반응으로 요약할 수 있습니다.

자폐스펙트럼장애 아동은 말할 때 맥락이 없고 에콜라리야(Eccolaliyah – 다른 사람의 말 반복)와 같은 특이한 패턴을 가지고 있습니다.

더 구체적인 상황은 아래와 같습니다.
― 언어 구사력이 또래에 비해 현저히 늦음
― 같은 말을 반복하며 어느 상황에서도 집중하지 못함
― 걷기가 늦음
― 백지천재 증후군(알려주지 않았는데 글을 읽거나 숫자를 다 알고 있음)
― 신체감각의 극도의 예민성과 둔감성
― 운동 협응 능력 현저히 부족
― 새로운 환경에 대한 부적응

— 강박과 집착(한 가지 사물에 집요한 관심, 기차, 버스, 지하철, 숫자, 글자 등)
— 정상적으로 발달하다 18개월~24개월 사이 완전 퇴행
— 심각한 변비와 수면의 질 저하
— 늘 혼자 놀며 주위 사람들에게 관심이 없음
— 이름을 불러도 반응이 없음
— 상대의 눈을 2초 이상 바라보지 않음
— 감각 추구가 심함(물에 집착, 같은 무늬와 소리에 집착, 반드시 정해진 색의 자동차만 타거나, 같은 길로만 다니는 행동 등)

대처 방법: 이상하다 싶으면 전문가를 바로 찾아 상담을 받아야 합니다. 어릴수록 치료 효과가 좋으며 현재까지는 완치가 안 되는 뇌의 신경학적인 문제로 의학적인 치료가 없습니다.

항간에 떠도는 민간요법으로 각종 약물을 섞어 치료하거나 음식을 조절하는 것으로는 효과가 검증되지 않았습니다.

완치 희망으로 무엇이든 하고 싶은 것이 부모 마음입니다. 흔한 말로 지푸라기 한 가닥 잡는 심정으로 하지 않으면 평생 후회될 것 같아 효과를 의심하면서도 어떤 치료든지 부

모는 하고 싶어 합니다.

완치는 어렵지만 완화는 되기 때문에 꾸준한 전문가의 도움이 필요하며 24개월 전이라면 놀이를 통한 발달치료를 먼저 접하고 적응하는 것에 따라 ABA, 감각통합을 하면서 필수적으로 언어치료를 병행해야 합니다. 이 순서는 아이의 경중에 따라 접근 방법의 차이가 날 수 있습니다.

행동 통제가 안 되는 아동은 응용행동분석 ABA(applied behavior analysis)를 통해 도움받는 방법도 있습니다. 이는 행동 분석을 통해 자폐를 비롯한 재활원의 환자들이나 행동 변화가 필요한 많은 행동장애를 치료하기 위한 것입니다. 행동장애가 심한 경우 권장하는 치료입니다. 다만 호불호에 따라 아이에게 맞지 않을 경우 다른 방법을 찾아야 합니다. 효과가 검증되지 않는 치료를 하는 경우도 있지만 현재까지 가장 확실한 치료법은 사회적 기술을 향상시킬 수 있는 놀이치료(치료놀이, 발달놀이, 애착놀이 등), 감각통합치료, 언어치료, 특수체육 등이 있습니다.

자폐스펙트럼 아동은 특히 물을 좋아해 물속에서 하는 수중운동치료도 적극 권장하며 초등학교 입학 전후로 운동을 통한 프로그램은 필수적으로 추천합니다. 처음엔 아이가 편안하고 즐겁게 적응하도록 도와주어야 합니다. 평생 갈 수 있는 증상이기 때문에 어릴 때부터 경제적 역량을 과하게 투입하는 것은 권하지 않습니다.

유명하다고 먼 곳을 찾아다니며 치료받는 것도 권장하지 않습니다. 몇 개월은 견딜 수 있지만 나중에는 부모나 아이가 모두 지치기 때문입니다.

부모가 해야 할 것은 꾸준한 치료와 함께 아이를 관찰하는 것입니다. 다만 접근 방법은 경중에 따라 차이가 날 수 있습니다. 아이가 무엇을 좋아하는지 어떤 것에 흥미가 있는지 진로와 적성을 찾아 직업을 갖도록 하는 역할이 가장 최우선입니다.

중증이 아닌 경우엔 초등 고학년이나 중학교 시기부터는 독립적으로 생활할 수 있도록 가까운 곳은 혼자 걸어서 다니도록 해주고 대중교통을 이용할 때에도 혼자 다닐 수 있도록 지원해야 합니다.

이 과정이 자녀의 장애를 받아들이는 단계라고 할 수 있습니다.

(3) 기대와 다르게 태어난 자녀

아이와 부모는 선택의 대상이 아닌 천륜의 섭리로 맺어진 관계입니다. 마음과 몸에 문제가 발생하고 자립적 기능에 장애가 발생하면, 그 장애를 개선하려고 하지 않는 부모는 없습니다. 넘어져서 다치면, 다친 곳을 치료하는 것은 인간의 본능입니다. 자기 보호 현상은 우주 질서의 근본적인 원리라고 보아야 할 것입니다.

어린아이가 자립적 기능이 부족한 상태에 있을 때 부모의 보호와 돌봄은 동물의 세계에서도 일반적인 현상입니다. 장애를 가진 아이는 부모의 전적인 관심 안에 있으며 장애 아이에 대한 사랑을 실천하는 부모의 모습은 우주 질서의 근본적인 존재 양식입니다.

세상의 어떤 부모도 자녀가 장애가 있는 아이로 태어날 것이라고 생각하는 사람은 없습니다. 특히 발달장애의 하나인 지적, 자폐성 장애의 아이는 돌 이후까지 평범하게 잘 자라는 것으로 보여 많은 부모는 추후 아동의 진단을 받아들이는 과정에서 상당한 충격을 받습니다.

부모가 장애 자녀 수용 5단계를 의학적인 눈으로 바라본 후버(Huber)가 주장한 단계에서 보면 다음과 같습니다.

처음은 부정 단계입니다. 어느 부모나 자녀가 장애를 가졌다는 사실을 받아들이지 않는 것이 기본 현상입니다. 그래서 모든 부모는 부정하는 단계가 온다고 했습니다. 이후 부모는 여러 전문가를 찾아다니게 되는데 내면에는 의사의 진단이 잘못되었다는 것을 보여주고 싶은 마음이 있습니다. 그러면서 '우리 아이는 정상 발달하고 있어'라는 마음으로 증거를 찾으려는 단계라고 설명하였습니다.

여기저기 인지 중재 치료를 열심히 다니는데 거의 비슷한 장애 얘기를 듣게 됩니다. 이후 분노 단계에 접어들면 현실을 부정하기는 어렵습니다.

왜 나한테 이런 일이 생겼을까, 이렇게 생각하면서 화도 나고 걱정도 되고 또 아무 문제없이 자라는 주변의 아동을 보면 갑자기 시기의 감정도 생긴다고 하였습니다.

그다음 단계가 교섭 단계입니다. 우리 아이를 위해서 내가 뭔가 해야겠다. 그래서 더 좋은 프로그램은 뭐가 있는지 훌륭한 전무가를 열심히 찾아 다니는 단계입니다. 이 단계가 지나면 우리 아이는 분명히 회복할 거야, 우리 아이를 장애라고 진단했던 전문가들을 비웃어 줄 거야, 이런 마음으로 적극적인 치료를 하며 좋아지는 단계가 있지만 장애를 벗는다는 것은 그렇게 쉽지 않습니다.

마지막으로 우울 단계로 넘어가게 됩니다. 이렇게 되면 현실을 회피하고 치료받던 치료 센터도 안 나가게 되는 현상이 옵니다. 많은 부모가 이 단계를 벗어나며 자녀를 수용하는 단계로 간다고 했습니다.

우리 아이가 단점도 있고 장애도 있지만 "나는 우리 아이를 사랑합니다"라는 단계에 이르게 된다는 것입니다.[9]

---

9) 권혜진, 「자녀의 자폐스페트럼장애를 수용한 아버지들의 경험」, 2022.

5. 이 양육법만은 하지 마세요

1) 양육자를 자주 바꾸지 마세요

맞벌이 부부에게 육아 문제는 가장 중요한 사항이 되었습니다. 자녀를 출산하기 전까지는 부모 역할을 어떻게 해야 하는지 고민했다면 출산 이후에는 우리 아이를 어떻게 하면 최고로 키울 수 있을까, 하는 것을 고민하게 됩니다. 어떠한 경우에도 육아는 자신의 생각처럼 진행되지 않습니다.

주위에 조부모, 부모, 친자매 등이 살고 있다면 도움을 받을 수 있지만 대부분 그렇지 못한 경우가 많습니다. 이때 베이비시터가 오랫동안 바뀌지 않고 함께 할 수 있으면 좋지만 그렇지 못하고 돌 이전부터 자주 바뀌면 자녀는 슬프게도 부모와 사람들에 대한 믿음이 없어집니다.

자녀는 긴장 상태로 일상을 지내며 불안도가 높아 새로운 곳이나 낯선 곳에서 조금이라도 불편함이 있으면 감정 조절이 안 되고 부정적인 행동들로 관계의 어려움을 겪게 됩니다. 물론 기질적으로 예민한 아동도 이런 현상이 나타날 수 있습니다.

기질은 성장하면 조절이 가능해지지만 생애 첫 출발인 양육자와의 신뢰는 다른 문제입니다. 이런 문제를 회복하는 데는 인내의 시간이 필요합니다. 부모와 좋은 시간을 함께 보내고 사춘기 질풍노도의 시간이 지나면 상당히 안정적으로 바뀌어 나갈 수는 있습니다.

■ 다음은 실제 사례입니다

코나는 또래 관계가 서툰 사회성 문제로 상담센터에 방문했습니다. 태어난 지 6개월 만에 엄마가 직장에 복귀하면서 베이비시터에게 맡겨졌습니다. 이후 12개월경에 베이비시터가 바뀌고 18개월 정도에 또다시 바뀌었습니다.

그 이후 두 돌이 되면서 어린이집에 맡겨지고 이 무렵 아쉽게도 엄마는 20일간 해외 출장을 갔습니다. 이렇게 양육 과정을 거친 코나는 밤바다 자주 보채고 자다가 우는 현상이 나타났습니다. 다른 발달은 이상이 없었으나 정서적 불안도가 매우 높아 새로운 장소나 새로운 사람만 보면 거부하고 적응하는데 어려움을 겪었습니다.

기관에서는 단체 생활의 규칙이 어렵고 감정 조절이 안 돼 잘 놀다가도 갑자기 친구를 주먹으로 때린다거나 얼굴을 꼬집는 일이 발생했습니다. 엄마를 봐도 대면대면 하는 애착 문제도 보이고, 물건에 대한 집착이 심해 본인이 가지고 싶어 하는 것은 포기하지 않고 고집을 부렸습니다. 뭔가 한 가지에 빠지면 부모가 그만하자고 말해도 포기하지 않고 나중에는 큰 소리로 화를 내는 것이 반복되었습니다.

여기에서 우리가 알아야 할 것은 부모 자녀 관계는 상호 질에 따라 매우 차이가 난다는 것입니다. 코나는 양육자가 자주 바뀌게 되자 어른에 대한 신뢰가 없어졌고 부모가 다음에 사주겠다고 해도 아동은 그 말을 믿지 않게 된 것입니다.

내일은 또 어떻게 바뀔지 모른다는 불신의 자동적 사고가 올라와 약속에 대한 믿음이 상실된 상황인 것이지요. 여기에 더해 부모가 열 번 잘해주고 한 번만 잘못해주면 아이는 그것을 꼬투리 잡아 다시 부모의 행동을 비난하며 분노에

찬 행동을 하는 것입니다.

어른에 대한 기본적인 믿음이 사라진 코나는 감정 조절이 쉽게 되지 않고 인내하는 것을 힘들어 했습니다. 유아 시기에 양육자가 자주 바뀌어 부모까지 믿지 못하는 상황이 되면 관계를 회복하는데 3배의 시간과 노력이 필요합니다. 시간의 힘을 믿고 부모는 언제나 "네 곁에 있을 것"이며, 너를 기다릴 것이라는 믿음을 주어야 합니다. 타인과 비교하기보다는 아이의 마음을 먼저 알아주며 안심시켜야 합니다.

최소 만 0~3세까지는 주 양육자를 바꾸지 말아야 합니다. 이것은 모든 심리학의 공통된 사안이며 내 자녀가 살아가면서 평생 가져야 할 가장 중요한 신뢰와 책임의 덕목을 만들어주는 자원입니다.

만약 훈육이 안 될 때는 다음과 같은 방법을 실천해보시기 바랍니다.

인간은 세 가지 조건 안에서 살고 있습니다. 사람, 시간, 공간입니다. 중요한 건 가족과 시간은 바꿀 수 없다는 것입니다. 그러나 공간은 얼마든지 바꿀 수 있습니다. 그 장소에서 마음이 불편하면 문 열고 복도에 나갈 수도 있고, 잠시 그 자리를 떠나 움직일 수 있습니다. 그래서 가장 안정적인 대안은 그 장소에 있으면 통제가 안 될 것 같은 마음이면 당장 장소를 옮기면 됩니다. 마음이 힘들 때 걷거나 산책을 하는 것은 다 이런 이유 때문입니다. 주변의 환경 변화로 마음이 다스려지고 보다 더 현명한 판단을 할 수 있기 때문입니다.

가정 안에서 이야기하는 것은 선생님처럼 가르치려고 하기 때문에 거부 반응이 있을 수 있습니다. 외부에 나가 이야기를 하면 주위 환경의 변화 때문에 오히려 상대 마음을 진심으로 들을 수 있습니다.

■ 18개월에 멈춘 아이

보은이 엄마는 18개월까지 보은이를 양육하다 육아 휴직을 끝내고 직장으로 복귀했습니다. 보은이는 엄마와 떨어지지 않으려고 출근길에 날마다 엄마를 붙잡고 울었지만 억지로 돌봄 아주머니에게 맡겨졌습니다.

아침마다 아이는 6개월이 지나도록 같은 행동을 반복했습니다. 그러다 아이는 모든 것을 포기하고 울지도 않고 말도 안 하고 그냥 하루 종일 연체동물처럼 움직이지 않고 지내게 됩니다. 이렇게 1년이 지난 상황에서 아이는 말을 전혀 안 하게 되고 가만히 앉아서만 있고 움직임도 서툴고 발달이 심각하게 퇴행을 했습니다. 시간이 지나면 괜찮아지겠지, 했지만 아이는 더 이상 성장을 멈춘 듯 발달이 지연되었습니다. 결국은 특수학급에 진학했습니다.

모든 아이가 엄마와 떨어진다고 이렇지 않습니다. 보통은 엄마와 분리를 하면 1~2시간 만에 울음을 멈추거나 며칠 지나면 울다가 그치고 돌봐주는 아주머니와 잘 지내는 것이 보편적 현상입니다. 그러나 아이가 계속해서 울고 그치지 않는다는 것은 신경학 문제인 자폐 특성이 있을 수 있다는 것입니다. 안전에 대한 욕구가 큰 자폐 아동은 바뀐 환경에 대한 불안이 공포감을 불러올 만큼 무섭고 지나칠 정도로 예민하고 긴장도가 높습니다.

이 아동은 엄마 외에는 타인과는 눈도 맞추지 않았습니다. 게다가 분리 불안의 절정에 있던 시기에 주 양육자인 엄마와 갑자기 분리가 되고 아침에 출근하여 오후 늦게 돌아오는 엄마를 기다리는 것이 아이에게 절망이었습니다.

한 사람과의 관계 즉, 엄마와 충분히 신뢰를 쌓은 안정 애착은 환경에 적응하는 사회성의 출발점입니다.

상담을 하면서 가장 아쉬운 것은 사회성에 문제가 있을까 봐 일찍이 어린이집에 보낸다는 이야기를 자주 듣게 될 때입니다. 우리가 알아야 할 것은 아이의 사회성은 가정 안에서 엄마와 주고받는 관계가 첫 출발점입니다. 한 사람과의 상호관계가 잘 안 되는데 어린이집에 가서 사회성을 발달시킨다는 것은 자녀를 더욱 위축된 아동으로 키울 뿐입니다. 이것이 부모의 충분한 돌봄을 받아야 하는 이유입니다. 울면 왜 우는지 살펴주고, 웃으면 함께 웃어주고, 아이가 하는 것에 반응해주고, 함께 놀아주며 무엇이든 엄마와 함께하며 감각을 발달시켜주어야 합니다.

심리학에선 무엇이든 담아내는 엄마를 가리켜 단단한 컨테이너라고 합니다.

2) 부모와 분리해 아기방에서 혼자 잠을 재우는 양육

정신분석학자 마가렛 말러(Margaret Mahler)는 태어나 4주이내에서 만 5개월까지 충분한 신체 접촉을 받지 못한 아동은 대인 관계에서 어려움을 겪고 타인의 감정과 아픔에 공감을 못하는 반사회성 특성을 보일 수 있다고 했습니다. 또한, 너무 일찍 어린이집에 보내는 경우 나르시시즘(narcissism)이 강해 자신이 최고라는 우월감으로 타인의 조언이나 견해를 무시하는 경향이 있다고도 하였습니다.

경쟁 상대와는 이길 때까지 끝장을 봐야 하는 특성을 보이기도 하고 타인에게 사과를 잘하지 않거나 자기 잘못의 반성도 잘하지 않는 경향이 있다고 했습니다. 너무 일찍 어린 이집(최소 24개월 이전)에 다니면서 충분한 돌봄을 받지 못한 연령대에 본인이 알아서 해야 되는 책임감의 결과입니다. 대개 우월감, 자만심, 자기만족, 자기중심적인 태도, 공감능력 부족 등의 특성과 관련이 있습니다.

할로 박사는 사랑의 본질이란 무엇인가라는 실험을 통해 사랑은 배고픔과 같은 1차적인 욕구가 아니라 따뜻하고 포근한 접촉에서부터 시작된다는 것을 발견했다고 하였습니다.

이러한 결과는 서양에서 1930~1950년대까지 자녀를 냉정하게 키우던 시대에 큰 충격을 주었습니다. 특히 행동주의 심리학 관점의 영향으로 우는 아이를 운다고 안아주게 되면 우는 행동이 더 강화되어 아동이 더 울게 되므로 울보 아기를 만들지 않기 위해서 안아주는 행동을 하지 말아야 한다는 의식이 팽배했던 시기였습니다.

그 당시 소아과 의사였던 벤자민 스포크(Benja min Spock) 박사마저 시간에 맞추어 아이에게 음식을 줘야 한다고 충고할 정도였습니다.

행동주의 심리학자 스키너는 강화와 처벌이라는 기존의 패턴으로 아이들을 이해하며 교육했습니다. 아이 울음을 그치게 하려고 안아주는 것으로 보상해서는 안 된다는 것이었

습니다. 나중에 이 양육법이 올바르지 않다는 것이 증명되었
으며 할로 박사 연구팀은 따뜻한 품에 안아주는 편안함을 사
랑의 본질적인 요소로 파악했습니다.

　이 연구는 아이가 태어나면 따로 재웠던 미국의 양육방
식에 커다란 반항을 일으켰습니다. 심리학에서 이 연구는 지
금도 전설적인 실험으로 인식되고 있습니다.

저 또한 오랫동안 정신분석 심리학과 상호관계를 공부하고
임상하면서 다음과 같은 이유로 영유아기 시기에는 부모와
함께 잠을 자야 한다는 점을 말씀드리고 싶습니다.

　영유아기는 자녀와 엄마가 공생관계(하나의 몸과 정신)
에 있기 때문에 절대적 돌봄을 받아야 하는 시기입니다. 공
생관계란 엄마는 아이의 숨소리만 들어도 건강 상태를 알아
차리고 아이는 잠을 자면서도 엄마의 냄새와 숨결을 느끼는
것을 말합니다. 엄마와 아이는 몸만 분리되었을 뿐 정신적인
에너지는 하나로 연결되어 있기 때문입니다.

　예를 들어, 아무리 잠을 깊게 자는 엄마라도 아이가 잠을
자다 뒤척이는 소리가 나면 금방 알아차리고 일어나 살피게
됩니다. 이것이 엄마와 아기는 몸만 분리되었을 뿐 정신적
에너지는 하나로 연결되어 있다는 신호입니다. 연약한 아이

를 돌봐야 하는 엄마의 존재 이유입니다.

아기는 엄마 배 속에서 태반을 통해 산소와 식량을 공급받지만 세상 밖으로 나오면서 스스로 독립하여 폐로 숨을 쉬고 입으로 삼킨 음식을 소화해야 하는 생체 변화를 겪습니다. 아기에게는 엄청난 충격이고, 도전이며 불안을 주는 급격한 환경 변화입니다. 엄마 목소리와 냄새를 통해 엄마가 옆에 있다는 것은 아이에게 포근함과 안정감을 주며 깊은 수면과 건강한 발달을 하도록 도와주는 것입니다.

세계 2차 대전 이후 많은 아이가 보육원이나 병원에서 생활해야 했습니다. 아이들은 영양가 좋은 음식, 쾌적한 환경을 제공받았지만 시름시름 앓다가 결국 많은 아이가 세상을 떠났습니다. 한 사람과의 따뜻한 신체 접촉과 안정된 애착 관계가 아이들에겐 밥보다 더 중요하다는 것을 알 수 있는 결과입니다.

다음은 아동을 혼자 재울 때 일어날 수 있는 상황들입니다

─ 분리 불안 문제가 생길 수 있습니다.

엄마와 떨어지지 않기 위해 쉽게 잠들지 못하고, 밤에 자주 깨며, 울음과 소란스러움이 증가할 수 있습니다.

— 안전 문제가 발생할 수 있습니다.

　방에 혼자 자는 영유아는 담요에 엉키거나, 아기 침대 벽면에 끼거나, 아기 침대의 물건에 질식이나 다른 사고의 위험이 있을 수 있습니다.

— 수면장애가 있을 수 있습니다.

　영유아는 밤에 자주 깨어날 수 있습니다. 아이를 혼자 자게 하면, 불안한 마음이 수면을 방해하고 수면의 악순환으로 이어질 수 있습니다.

— 자극 부족이 발생할 수 있습니다.

　영유아의 건강한 발달을 촉진하기 위해서는 정서적, 사회적 발달을 지원하기 위해 규칙적인 상호작용과 자극이 필요합니다. 아이를 오랫동안 방에 혼자 재울 경우 짜증이 심하고, 까다롭고, 잠드는 것이 어려울 수 있습니다.

— 발달지연이 생길 수 있습니다.

　장기간 홀로 잠자는 영유아는 사회적 상호작용과 언어발달을 위한 기회를 놓칠 수 있습니다. 발달 영역에서 지연을 초래할 수 있으며, 이는 전반적인 건강과 발달에 장기적인 결과를 초래할 수 있습니다.

전반적으로 영유아의 안전과 건강한 발달을 보장하기 위해서는 수면시간과 깨어있는 시간에 부모와 긴밀한 상호작용을 하는 것이 매우 중요합니다.

상호관계 질에 따라 아이의 발달은 많은 차이가 나기 때문입니다.

다양한 이유로 신생아 때부터 병원에 격리되어 입원해 있는 아동을 보면 성장이 늦고 웃는 얼굴을 잘 볼 수 없습니다. 내가 웃으면 함께 웃어주고, 내가 울면 어루만져주고, 내가 기뻐 신나 하면 함께 신나 하는 거울처럼 모방해주고 반겨주는 대상 상실은 아이에게 결핍을 주기 때문입니다. 그래서 영아유기 시기는 신체접촉과 상호관계의 질이 얼마나 중요한지 앞에서 설명한 것처럼 신체접촉과 상호관계를 잘해야 합니다.

간혹 출근하는데 지장이 있다고 영아기를 분리해서 재우는 것이 안 되는 이유이기도 합니다. 만 5~7세 정도까지는 부모와 자녀가 함께 자는 것을 적극 권장합니다. 이후에는 자녀와 부모가 서로 개별 분리화가 되기도 하는 시기라 얼마든지 조절해 나갈 수 있습니다. 인터넷 정보를 통해 얻은 지식을 적용하지 않는 게 바람직합니다.

■ 다음은 실제 사례입니다

차돌이 부모는 차돌이가 태어난 지 100일 무렵부터 아기방에 혼자 재웠습니다. 그렇게 해야 자신들도 편하게 잠을 자고 아기가 일찍 독립적으로 잘 자란다는 정보를 얻었기 때문입니다. 우유도 시간 맞춰주며 그렇게 양육했습니다.

24개월이 될 때까지 따로 재운 결과 아이의 발달은 계속 지연되었습니다. 그때까지도 언어 표현이 잘 안 되고 먹는 것도 겨우 먹고 새로운 곳에 가면 낯이 설어 무조건 울고 점점 또래들과도 차이가 나기 시작했습니다.

부모는 이때부터 상담센터를 방문하여 본격적으로 발달 증진을 위한 상담을 받아 가며 노력하기 시작했습니다. 부모와 함께 잠을 자고, 밖에 나가 외부 활동도 자주 하고 가족 모임에도 적극적으로 어울려 지냈습니다. 기존의 양육 방법을 바꾸어 어른 중심의 양육 방법에서 아이 중심의 양육 방법으로 온전히 바꾸어 나가기 시작했습니다.

새롭게 시작한 지 10개월 만에 아동은 먹는 것도 잘 먹고 언어발달이 급격하게 좋아졌습니다. 또래들과도 잘 어울리며 적응에 힘들어했던 어린이집도 잘 다니기 시작했습니다.

최근 들어 영아기를 분리하여 따로 재우는 현상이 갈수

록 많아지고 있으며 아이의 발달지연 현상으로 상담센터를 방문하는 경우도 증가 추세에 있습니다. 더구나 다문화 결혼이 많은 상황에서 자녀 분리에 대한 문제로 의견충돌이 있는 경우가 많습니다.

양육 방법의 차이는 자녀를 잘 키우기 위한 노력이나 아이는 발달학적으로 만 5세까지는 부모와 함께 잠자는 것이 가장 이상적입니다.

3) 주말에만 부모가 방문하는 경우

맞벌이 문화가 일반적이다 보니 자녀의 양육 문제가 종종 어려움에 부딪히는 경우가 많습니다. 사실적으로 말하면 너무 많습니다. 지금은 남편도 다행히 육아 휴직을 받을 수 있지만 맞벌이 부부는 여전히 육아 문제로 심각한 고민을 하고 있습니다. 부모는 자식에게 최선의 사랑을 주고자 노력하지만 그 방법에서 미처 깨닫지 못해 실수하는 경우가 있습니다.

오랫동안 많은 상담을 통해 상호관계 소통의 과정에서 중요하게 생각되는 것들을 모르고 놓치는 경우가 있다는 것을 알게 되었습니다. 부모는 일을 해야 되는데 자녀를 어린이집에 맡기기에는 마음이 놓이지 않아 멀리 떨어져 사는 양가 부모님 댁에 맡기는 경우를 종종 보게 됩니다. 그러나 아이는 본능적으로 부모를 알고 부모의 냄새, 목소리, 접촉의 부드러움을 기억하고 있습니다. 아쉽게도 부모와 떨어져 지내는 자녀의 경우 발달에 종종 문제가 발생합니다.

부모와의 애착 문제로 부모를 만나도 대면 대면하거나, 작은 변화에도 긴장을 하고, 짜증을 쉽게 내며, 감정 조절이 안 돼 또래 관계가 힘들어지기도 합니다. 규칙에 둔감하거나, 산만한 형태의 행동들이 나타납니다.

초등학교에 입학하고도 부모와 떨어져 양육되는 아이는 부모에 대한 분노와 부정적 신념을 자주 나타내기도 합니다. 부모와 떨어져 할머니와 사는 경우 성인이 되어서도 공허함을 자주 느끼게 됩니다. 자녀는 부모와 함께 살 권리가 있고 부모는 자식을 키울 의무가 있습니다. 조부모는 어디까지나 보조 역할자라는 것을 인식했으면 합니다.

자녀가 콩나물처럼 쑥쑥 커 가는 발달 시기에 부모의 빈자리는 되돌릴 수 없습니다. 다소 어려움이 있겠지만 매일 저녁 만이라도 아이를 만나 시간을 함께하기를 바랍니다. 어린 자녀를 양육한다는 것은 아이에게 부모가 맞춰 돌봄을 해주고 함께 생활한다는 것을 의미합니다.

부모가 자기 욕구를 채우기 위한 수단으로 양육하는 것

은 양육이 아니라 사육입니다. 부모와 떨어져 살아가는 어린 자녀에게는 엄청난 고통이며 상처입니다.

제 경우를 먼저 말씀드리면 셋째를 출산한 지 100일이 되었을 때 시부모님께서 저를 생각하신다고 21개월 된 둘째를 지방의 시댁으로 데리고 갔습니다. 시댁으로 간 지 3일째 되는 날 연락이 왔습니다. 아이가 시댁으로 간 지 하루 만에 엄마를 찾으며 밤새 울며 지쳐서 잠이 들었다고 합니다. 급기야는 먹지도 않고 설사를 한 것입니다. 아이는 늘 함께 있었던 엄마, 아빠, 언니가 갑자기 보이지 않고 낯선 장소와 낯선 사람들에게 둘러싸여 두려움이 컸던 것입니다.

언어 표현이 안 되니 아이는 죽을힘을 다해 몸으로 표현한 것입니다. 울면서 엄마를 찾아도 안 되니 극도의 불안과 공포감은 설사를 동반한 신체 증상으로 나타났고 결국은 심리적인 문제에서 신체 상황으로 악화가 된 것입니다.

만약 이것을 예민하게 파악하지 못하고 그대로 지나쳤다면 아이는 이상 발달 현상까지 올 수도 있었을 것입니다. 이상 발달 현상이란 사람이 와도 쳐다보지 않고, 수면의 질이 떨어져 밤새 자다 깨다 하는 것을 말합니다. 외부자극에도 반응하지 않고 자기 세계에만 갇혀 누워만 있거나 무표정한 얼굴로 있다는 것입니다. 이것은 공격성의 역동을 올바르게 배출하지 못할 경우 다양한 증세로 나타날 수 있습니다.

■ 다음은 실제 사례입니다

자녀를 애타게 하는 부모

우산이 부모는 우산이가 생후 6개월쯤 되었을 때 4시간 거리에 있는 부모님 댁에 자녀를 위탁합니다. 부부는 금요일 퇴근 후 내려가 일요일 오후에 올라오는 생활을 했습니다. 일이 있는 경우는 간혹 건너뛰는 경우도 있었습니다. 그렇게 주말이면 내려가 2박을 함께하다가 자녀와 헤어지는 생활을 만 5년 동안이나 했습니다.

우산이는 커 갈수록 말이 없어지고 엄마 아빠를 만나면 거부하다가 헤어질 때가 되면 울고, 매달리며 안기는 양가감정을 보였습니다. 초등학교 입학을 위해 우산이는 부모 집으로 왔으나 부모 자녀 관계는 어려움의 연속이었습니다.

초기 애착관계가 잘 형성된 할머니는 멀리 있어 만날 수 없고, 몸이 아프거나 기분이 안 좋을 때도 부모에게 다가가지 못하고, 혼자서 몸부림을 쳤습니다. 부모가 다가가면 몸을 빼며 도망가고, 모른척하면 옆에 다가와 울고, 우산이의 이중적인 감정은 계속되었습니다.

부모와의 안정적인 애착 형성이 안 된 상황에서 학습에 대한 어려움을 보이기도 하고 학교 적응도 힘들어했습니다.

우산이는 중학생이 되었고 사춘기의 혼란은 심각할 정도로 부모를 힘들게 했습니다. 경찰서에서 연락이 오고, 친구들과 몰려다니며 물건을 훔치고, 출석 정지를 당하는 등 악몽 같은 시간의 연속이었습니다.

그날도 부모는 우산이가 밤에 나가지 못하게 막고 꼬박 밤을 세웠습니다. 그러면서 부모는 우산이를 절대로 잘못된 길로 가지 않게 하겠다고, 아빠가 회사를 그만 두더라도 우산이를 지킬 것이라며 문 앞에서 끝까지 버텼습니다.

그러자 우산이는 아주 큰 소리로 펑펑 울며 "엄마, 아빠는 나를 늘 버리고 갔다고…… 내가 얼마나 집에 같이 가고 싶었는지 아느냐고…… 나는 쓸모없는 자식인데 지금 와서 왜 관심을 가지며 나를 돌보는 척하느냐"고 큰 소리로 펑펑 울며 소리쳤습니다.

우산이는 매일 부모를 만나지 못하고 주말에 잠깐 왔다가는 부모를 다음 만날 때까지 애타게 기다렸습니다. 관심받고 자라야 할 시기에 주말에만 잠깐 보는 부모의 사랑법이

독이 된 것입니다. 다행히 우산이가 말을 했다는 것은 부모와 화해할 준비를 했다는 것입니다.

우산이는 부모와 함께 보낸 충만감이 없기에 마음의 공허함을 채우기 위해 계속해서 사고를 쳤던 것입니다. 자녀에게 최고의 사랑을 주고자 선택한 양육이 자녀에 따라 상처가 되기도 합니다. 그렇다고 모두가 이렇지는 않습니다. 하지만 부모와 떨어져 주말에만 만나는 양육 방식은 결코 권장할 만한 것이 못 됩니다. 아이에게 부모는 세상을 지켜주는 안전지대 같은 존재이기 때문입니다. 아무리 두렵고 무서워도 엄마만 옆에 있으면 아이는 안정된 마음으로 해맑게 자라납니다.

많은 자녀가 부모와 주말만 만나는 양육법으로 심리적 우울을 겪는 경우를 자주 보았습니다. 그 결과 발달이 늦을 뿐 아니라 크게는 정서적 문제로 갈 수도 있습니다. 하나 더 알아두어야 할 것은 부부 갈등이 심하거나 부모 자녀 관계가 편하지 않고, 신뢰하지 못한다면 갈등은 필연적일 수밖에 없다는 것입니다.

우리 사회에 맞벌이 문화가 일상이 되면서 최근에는 위와 같은 양육으로 이상 발달을 겪는 아동들을 상담 현장에서 자주 만나게 되는 현실이 안타깝습니다.

4) 사회성발달의 첫 단추는 가족 구성원에 있습니다

사회성발달의 첫 출발은 가족으로부터 오며 가족 구성원의 차이로 발달 단계를 구분합니다. 다양한 이유로 아빠와 함께 살지 못하고 엄마하고만 둘이 사는 경우가 종종 있습니다. 반대로 아빠하고만 사는 경우도 간혹 있습니다. 다행히 형제자매가 여럿이 있으면 괜찮지만 엄마와 또는 아빠하고 단둘이만 사는 경우 사회성발달에 영향을 미칠 수 있습니다.

엄마하고 사는 경우의 예를 들겠습니다.

아기가 태어나면 처음 만나는 사람은 아빠와 엄마입니다. 그런데 엄마와 아빠가 셋이서 늘 함께 생활할 수 있는 상황이 안돼 엄마하고만 오랫동안(여기서는 최소 생후 3년 이상) 함께 생활하는 경우 사회성발달에 부정적 요인을 주게 됩니다.

아이는 생후 2년 정도면 어른이 느끼는 감정을 모두 느낍니다. 가정 안에서 엄마는 정서적 환경적 돌봄의 역할이고, 아버지는 든든한 울타리 역할로 힘의 균형을 이루게 됩니다. 아이는 엄마와 아빠의 모습을 보며 엄마와 있을 수도 있고 아빠와 있을 수도 있다는 것을 알게 됩니다. 이렇게 세 명이 함께하면서 대인 관계의 경험을 하게 되는 것입니다.

셋이 있으면서 둘이만 지낼 수 있고, 셋이서 함께 지내는 경험을 하며 사회성의 역동을 경험하게 되는 것이지요. 그러나 엄마와 단둘이 오랫동안 살다가 가끔 아빠가 오면 아이는 불안해서 매우 까칠해지고 힘들어합니다. 이유는 나만 바라보던 엄마가 나를 보지 않고 아빠하고 이야기하는 것을 보면 아이는 심한 배신감에 아빠를 밀어내려고 합니다.

유치원이나 학교의 또래 관계에서도 그대로 표출이 됩니다. 학교에서 둘이는 잘 노는데, 셋이 되면 본인이 그 무리에서 빠져나오거나 한 명을 따돌리며 둘이서만 단짝을 하려고 합니다. 심한 경우 단짝이 다른 사람과 어울려 지내는 것을 보면 질투심에 상처받고 그 단짝 친구와 사이가 멀어지기도 합니다. 아이의 잘못이라기보다는 사회성발달의 중요한 시기인 생후 만 6세까지 가족 관계의 변화 때문입니다.

아이의 사회성발달을 위해 가정 안의 가족 구성원이 중요한 이유가 여기에 있습니다. 다양한 가족들과 자주 만나야 하고, 시댁과 친정에서 어른들과 함께 자주 어울리고 그곳에서 함께 지내다 보면 아이의 성장 발달에 매우 긍정적인 영향을 받게 됩니다.

아이가 성장하는 시기에 사람들로부터 다양한 좋은 에너지를 얻게 되면 아이는 건강한 발달로 연결이 됩니다. 가족만 살다가 어쩌다 집에 손님이 오면 아이가 좋아서 팔짝팔짝 뛰고, 말 잘 듣던 아이가 갑자기 고집을 부리고 공격성이 나오는 이유도 여기 있습니다. 방문자의 에너지가 아이를 들뜨게 해 순간 감정 조절을 하지 못하는 아이는 소리를 지르고 행동이 과격해집니다. 그러다가 시간이 지나면 잠잠해지는 이유 역시 이런 연유이기 때문입니다.

만약 환경적으로 어쩔 수 없는 상황에 둘만 지내야 된다면 다양한 사람들과 지내는 시간을 만들어 누구와도 불편함이 없도록 해야 합니다.

예를 들어, 조부모님과 함께 사는 아동은 어른에 대한 불편함이 없고, 삼촌이나 이모가 많은 어린이는 사람에 대해 두려움이 없습니다. 하지만 엄마 아빠하고만 지내다 어쩌다 모르는 할머니와 할아버지를 보면 갑자기 아이가 무서워하는 경우도 있습니다. 처음 보는 얼굴 모습에 당황해서 그럴 수 있습니다. 아이가 성장하는 시기에는 여러 사람과 교류도 자주하고 야생의 자연을 충분히 접하며 생활해야 하는 근본 이유는 내 아이의 건강한 사회성발달의 기본이기 때문입니다.

이것을 심리학적으로 설명하면 다음과 같습니다.

사회성의 첫 출발이 세 명인 경우 "세 사람의 문제(Problem of Three)" 이론이라고 부릅니다. 사회심리학과 인간관계 분야에서 중요한 이론 중 하나입니다. 이 이론은 역동적 시스템의 이해와 함께 인간관계의 복잡성을 이해하는 데에 도움이 됩니다.

세 사람의 문제는 2:1 또는 1:2 관계를 가진 세 명의 사람(예: 부부와 연인, 부모와 자녀, 세 친구 등)과 상호작용할 때 발생하는 문제를 의미합니다. 이러한 관계에서 한 사람은 중재자 역할을 수행하거나, 두 사람 사이의 갈등의 대상이 되는 등 다양한 역할을 할 수 있습니다.

세 사람의 문제는 대개 갈등이나 힘의 불균형이 발생하는 경우에 나타납니다. 예를 들어, 부모가 자녀에게 갈등을 유발하는 경우, 자녀는 부모 중 한 사람과 연합하여 다른 부모를 대상으로 힘을 행사하는 경우 또는 세 친구 중 한 명이 다른 두 친구와 갈등을 빚는 경우 등이 있습니다. 이럴 때 다른 두 친구는 함께 대처하여 갈등을 해결할 수 있습니다.

세 사람의 문제는 인간관계에서 매우 중요한 역할을 합니다. 이론적으로는 세 사람의 관계에서 갈등이나 힘의 불균형을 해결하면 관계는 더욱 강화될 수 있습니다. 따라서 세 사람의 문제는 사회성의 발전에 중요한 역할을 하며, 이를 해결하는 능력은 인간관계를 유지하는 데 필수적입니다.

■ 다음은 실제 사례입니다

외동이는 태어나 엄마하고만 살았습니다. 아버지는 생후 6개월이 지난 시점에 해외에 나가는 일이 잦아 1년에 2주 정도만 함께 생활했습니다. 이런 생활이 초등학교 4학년 때까지 반복되었습니다. 게다가 엄마는 매우 조용한 성격으로 사람들과 교류도 별로 없이 저녁에는 4시간씩 일을 하러 다녔습니다.

외동이는 엄마가 없는 밤에 거의 혼자서 지내는 경우가 많았습니다. 이런 환경에서 오랫동안 성장하다 보니 학교에서도 늘 외톨이처럼 지내는 경우가 많았습니다. 친구가 있어도 단짝하고만 있으려고 하고 세 명이 함께 있으면 스스로 불편해 그 무리에서 나오는 행동을 반복했습니다.

외동이는 사람들과 어울려 함께 뛰어놀지 못한 본인의 정신적 스트레스를 편집적인 생각에 사로잡혀 자신을 공격하는 행동까지 하게 되었습니다.

외동이는 다행히 초등학교 4학년 때부터 본격적인 놀이치료를 통한 심리상담을 받았습니다. 부모는 꾸준한 교육을 통해 점차 인간관계를 확대해 나가고 외동이가 또래들과 자주 어울릴 수 있는 환경을 조성하였습니다. 이 중심에는 좋은 영양을 미친 아버지의 밝고 넓은 인간관계가 있었습니다.

5) 친정어머니와 양육 방법의 차이

산이 엄마는 12개월까지 산이를 양육하고 그다음엔 친정어
머니가 2차 양육을 맡았습니다.

친정어머니가 매주 일요일 밤부터 금요일 저녁까지 봐주
고 본인 집에 갔다가 오는 생활을 5년간 이어갔습니다.

산이는 평소 할머니하고 있을 때 엄마가 없으면 할머니
를 무척 따르지만 엄마가 오는 주말이면 할머니를 밀어내면
서 할머니를 싫다고 했습니다.

친정어머니와 양육 방법의 차이로 갈등을 빚은 결과이기
도 합니다. 밥을 모두 떠 먹여주고 TV도 많이 보여준다며 친
정어머니에게 불만을 표하였습니다. 아이가 충분히 할 수 있
는데도 미리 알아서 다 해준다며 그러지 말라고 이야기를 했
습니다. 친정어머니는 집안일을 하며 아이 보는 것이 쉽지
않다며 체력의 한계를 느낀다고 했습니다. 자신이 봐주지 않
으면 딸도 힘들고 외손자도 힘드니 본인이 희생을 하더라도
아이가 초등학교 저학년 때까지는 돌봐주는 것이 후회 없을
것 같다며 함께 지낸다고 했습니다.

이 가정을 보면 딸과 친정어머니 모두 이해가 됩니다. 그러나 깊이 헤아려 보면 친정어머니가 자녀뿐만 아니라 살림까지도 맡아주고 있습니다. 그 덕분에 자녀를 외부에 맡기는 맞벌이 부부와 달리 산이 엄마는 매우 정서적으로 편안하게 직장 생활을 하게 됩니다. 이것은 교육 방법의 차이를 떠나 딸은 본인이 해야 할 일을 모두 친정어머니에게 맡기고 있는 상황입니다. 그러므로 주중에는 친정어머니가 하는 대로 따라가 주고 아이에게는 할머니에 대한 고마움을 느끼도록 이야기를 해야 합니다.

다만 본인이 양육을 맡아 할 때는 본인 방식 대로 아이와 약속을 하면 됩니다. 자녀를 사랑하는 마음은 같으나 양육 방법의 차이로 친정어머니 탓을 하면 친정어머니는 딸의 눈치를 보느라 아이를 선생님처럼 가르치려고 할 것입니다. 이때 아이는 누구 말을 들어야 하는지 아이의 처지에서는 더 혼란스럽습니다.

교육에는 각자 가정환경에 따라 차이가 있지만 어릴 때는 따뜻하게 돌봐주는 사람이 있다는 그것만으로도 아이는 행복합니다. 자녀가 어릴 때 늘 곁에 있어 주는 것이 엄마의 최고 역할인 이유가 여기에 있습니다.

영유아기 시기는 온정적인 돌봄이 최우선이며 교육의 문

제는 큰 틀에서 의논하여 결정하면 됩니다. 한편, 주말에 할머니를 밀어내는 것은 할머니와 지내는 시간은 충분히 많고 부모와는 주말만 지내니 엄마와 조금이라도 더 함께 있고 싶어 하기 때문입니다. 할머니가 있으면 할머니에게 자신을 맡기고 출근할까 봐 할머니에게 빨리 집에 가라고 하는 것입니다. 아이는 본능적으로 부모를 찾으며 부모가 곁에 있는 것만으로도 안정감을 느끼고 행복하니까요.

표면적으로는 이렇게 얘기를 하지만 딸은 심리적으로 친정어머니와 분리되지 못하고 밀착된 관계로 매사 의존적인 것은 아닌지…… 친정어머니 역시 딸을 개별적 대상인 독립적인 인간으로 보지 않고 모든 것을 자신의 주도하에 결정한 것은 아닌지…… 모녀 관계의 히스토리에 더 깊은 통찰을 해야 할 것 같습니다.

아동의 이 시기 정서 반응에서 정서란 분노, 공포, 기쁨, 질투, 울음, 웃음, 애정 등 어떤 상황을 맞이하였을 때 유발되어 분화되는 감정 표현입니다.

정서는 초기 2년 동안에 분화되며 생후 2년이 지나면 성인에게서 볼 수 있는 거의 모든 정서가 나타납니다. 이 시기 정서의 특징은 격렬하고 일시적이며 지속시간이 짧습니다.

이 시기 아동의 정서발달을 보면 다음과 같습니다.

(1) 공포

6개월경에 처음 나타나고 1세가 지나면 엄마가 눈앞에서 사라지는 것을 두려워합니다. 2세가 되면 공포의 대상이 더 넓어져서 혼자 남겨지거나 어두운 곳 등을 무서워하고 개, 고양이 등 동물에 대해서도 공포를 느낍니다.

이 시기 아동은 부모로부터 보호를 받고 있어서 공포의 감정을 유발하는 자극물을 비교적 잘 느끼지 못합니다. 지능 발달이 제한되어 공포를 야기하는 위험물이나 대상물을 인식하지 못하기 때문이기도 합니다.

공포의 감정은 고통스럽거나 불쾌한 감정을 야기한 사람, 사건, 사물 등을 직접 경험함으로써 학습되거나 부모나 성인이 무서워하는 것을 모방하여 무서워하게 되는 경우입니다.

이때 부모가 아동에게 말로서 공포감을 주게 되면 아동은 만져보지도 않고 무서워하는 경험을 하게 됩니다. 성장하면서 상당한 불안을 내포하며 수동적인 자녀로 성장할 가능성이 큽니다.

(2) 애정

애정은 생후 1년을 전후하여 나타나는데 아기의 애정 표현은 엄마 목을 꼭 껴안고 안긴다든지 엄마 치마를 잡고 졸졸 따라다닌다든지 뽀뽀를 한다든지 등입니다.

아기는 부모 외에 자신이 늘 갖고 있던 대상(인형, 이불, 장난감) 중 하나에 애착을 형성하게 됩니다. 이 경우 아기는 어디를 가든지 그 물건을 가지고 가며, 잘 때나 우유를 먹을 때 끌어안고 지냄으로써 자신의 애정을 표현합니다. 이러한 상태는 18개월에서 24개월 사이에 절정에 달합니다.

(3) 기쁨

12개월이 지나면 아기는 기쁨의 감정을 행동으로 표현하게 되는데 주로 미소나 웃음으로 전달합니다.

몸을 흔들거나 소리 내어 웃고 엄마를 꼭 안는 동작으로 기쁨을 표현합니다. 24개월쯤 되면 깡충깡충 뛰며 소리를 지르고 손뼉을 치며 배꼽을 잡고 웃는다든지 훨씬 더 적극적이고 다양한 형태로 기쁨을 표현합니다.

아기는 자신이 어떤 활동을 한 후 스스로 만족스러워 웃기도 합니다. 많이 움직였거나, 어떤 사람에게 사회적 접근을 할 때도 이런 표현을 하게 됩니다. 2세경에는 말을 하면서 웃을 수 있는데 장난감을 가지고 놀거나 다른 아기들이 노는 것을 지켜보고 또는 하기 힘든 활동을 성공적으로 하고 난 후 웃는 모습을 보이기도 합니다.

(4) 분노

12개월경에는 엄마와의 분리에 대한 반응으로 분노가 나타납니다. 분노는 아기에게 좌절을 주는 사건이 반복됨으로써 나타나고 그 강도는 상황의 영향을 받습니다.

이 시기 아기는 분노와 좌절의 감정을 많이 느끼고 그것은 짜증으로 나타내기도 합니다.

아기는 먹고 싶다거나 안기고 싶다거나 잠을 자고 싶을 때에 자신의 욕구가 제대로 채워지지 않으면 분노를 표출합니다. 분노의 표현은 온몸으로 울음을 터뜨리는 것입니다. 분노는 하고 싶지 않은 일을 강요당했을 때 그에 저항하기 위해 유발된 정서입니다. 이러한 경우 아동은 일시적인 폭발 행위, 떼쓰기, 침묵, 고집부리기, 말 안 듣기 등으로 자신의 감정을 표현합니다. 이 시기에 가장 많이 나타나는 분노의 형태는 떼쓰기입니다. 울부짖고 발을 동동 구르거나, 땅바닥에 나뒹구는 행동을 합니다.

분노의 감정은 생후 1~2년 사이에 가장 자주 표출되며 성장하면서 점차 감소합니다. 분노를 표현하는 방법은 1세 아기는 소리를 지르거나 발로 차고 팔을 마구 휘두르거나 바닥에서 구르며 새파랗게 질리도록 우는 등 다양한 반응으로 감정을 표출합니다. 2세 어린이는 이러한 행동 이외의 표현과 공격적 행동을 합니다.

(5) 질투

질투는 보통 18개월경에 나타납니다. 부모가 다른 아기를 안고 있거나, 예뻐하면 아기는 엄마에게 달려와서 자기를 안아달라고 하거나 우는 것으로 질투 반응을 나타냅니다. 특히 질투 반응은 동생이 생겼을 때 절정에 달하는데 부모 몰래 동생을 때리는 등의 공격성이나 오줌을 가렸는데 다시 오줌을 싼다든지 등의 퇴행 행동을 보이게 됩니다.

(6) 울음

울음은 태어나면서부터 가장 먼저 표현하게 되는 정서 반응입니다. 아기는 아프거나 졸리거나 배가 고프거나 무섭거나 화가 날 때 등 여러 가지 다양한 상황에서 울음을 터트립니다.

아기의 울음은 정서적 표현인 동시에 의사소통 수단입니다. 1세 전후엔 졸리거나 배고픈 경우와 같이 기본적인 욕구가 채워지지 않을 때에 울지만 그 후에는 사회적 의미를 띠게 됩니다. 무서워서 도움을 청하기 위해 울거나 부모의 관심을 사서 자기가 원하는 것을 얻기 위해 거짓으로 울기도 합니다.

5) 최소 36개월 정도까지 지켜야 할 양육법이 있습니다

(1) 미디어 매체를 보여주지 마세요.
— 세계보건기구에서 권장하는 아동들의 외부 신체 활동 시간

만 5세 미만 아이의 바람직한 스마트폰. TV 등 시청 시간				
	0세	1세	2세	3~4세
스마트폰. TV 보는 시간	보여주지 말 것	보여주지 말 것	최대 60분 짧을수록 좋음	최대 60분 짧을수록 좋음
신체활동 시간	최소 30분	최소 3시간	최소 3시간	최소 3시간
잠자는 시간	14~17시간 (0~3개월) 12~16시간 (4~11개월)	11~14시간	11~14시간	10~13시간

자료: 세계보건기구(WHO)

① 스미트폰이나 테블릿 PC 등 삼가주세요

　－ 최소 두 돌 전까지는 보여주면 안 됩니다

상담실에 가장 많이 방문하는 경우는 자녀의 언어가 늦어져서 오는 경우입니다. 이때 자녀와 놀이를 통해서 상담을 해 보면 전자음 소리와 장난감에는 자동 반응을 하는데 사람의 목소리에는 반응이 없습니다. 아이는 장난감 소리에만 집중할 뿐 어떻게 가지고 노느지를 모르고 상대방의 눈도 보지 않습니다. 이름을 불러도 반응이 없고 다소 산만하고 집중도가 상당히 떨어집니다.

　다행히 선천적 신경학적 문제(자폐스펙트럼)가 아니면 회복되는 시간이 오래 걸리지 않지만 일반화가 될 수 있습니다. 그러나 아이가 자라나는 결정적 발달 시기인 0~24개월 전에 현저하게 노출이 많이 된 경우는 우려되는 현상이 나타나기도 합니다.

　어떤 경우라도 만 3세까지는 사람과의 소통이 가장 중요합니다. 세상은 4차산업으로 바뀌어 모든 것들이 인간의 능력을 넘어서는 빛의 속도로 바뀌지만 살아 있는 모든 생명은 발달 순서에 맞게 성장해 나갑니다. 어느 한 단계를 뛰어 넘어갈 수 없습니다. 한 단계를 뛰어 넘어가면 반드시 이상 현상이 보이기 시작합니다.

식당에 가거나 유모차를 타고 가는 도중에도 돌 전의 자녀에게 스마트폰을 보여주며 이동하는 부모를 자주 봅니다.

세계보건기구에서 권장하는 전자매체 노출 시간을 위에 제시한 것처럼 아이에게는 가능하면 매체와 거리를 두는 것이 좋습니다. 아이는 주변의 모든 것이 호기심의 대상이며 장난감이기 때문에 눈으로 보고 만지는 것이 일상적인 현상입니다. 손에 닿는 사물은 다 만져보고 입으로 맛보고 살피고 사람들의 행동을 관찰하고 엄마의 목소리에 귀를 기울이며 소리에 대한 변별력을 배워나가는 시기입니다.

두 돌 이후 잠깐씩 10~20분 정도는 괜찮지만 모든 것을 감각적으로 받아들이는 영유아 아기는 빠르고 화려하고 통통 튀는 목소리에 한번 익숙해지면 느린 것에 대해서는 인내심이 부족해집니다. 눈앞에 무엇인가 보이지 않으면 이유 없이 짜증을 내고 지루한 것을 참지 못합니다. 끊임없이 상호관계를 하며 언어를 듣고 말을 배워야 하는데 일방적인 화면의 소리만 들으려고 합니다. 그러다가 빠른 속도로 넘어가지 않고 멈춰 있으면 울며 짜증을 내는 모습을 자주 목격하게 될 것입니다.

자녀가 잘 성장한다는 것은 또래에 관심을 보이고 어른

들과 상호작용을 상황에 맞게 잘하는 것을 말합니다. 어른들의 목소리, 표정, 행동을 통해 언어의 청각적 변별능력을 구분하고 표정을 보면서 감정 표현을 배우고 행동을 보며 반응하는 법을 배우는 것입니다.

성격 형성의 초기에 어떤 환경에서 생활 하는냐에 따라 달라집니다. 스마트폰과의 일방적 관계에 오랫동안 노출되는 경우 전반적인 발달에 심각한 악영향을 미칩니다. 이때 아이는 사람 소리에 반응하기보다는 기계음에 익숙해져 상호관계의 질이 매우 떨어지게 될 것입니다.

아이를 데리고 외출하는 경우 가급적 아이가 좋아하는 장난감이나 단순하면서도 반복되는 책도 좋고 만질 수 있는 플레이 도우 등을 미리 준비해서 가져갈 것을 권장합니다.

■ 다음은 실제 사례입니다

크림이는 만 2세 6개월이 지났지만 말을 못 해 상담을 받으러 왔습니다. 놀이를 통한 결과와 양육사를 살펴보고 이유를 알게 되었습니다.

크림이 부모는 크림이가 태어난 지 6개월부터 스마트폰을 하루에 1시간씩 보여주고 TV도 하루에 3시간씩 보여주었습니다. 산후 우울증이 있었던 어머니는 크림이가 돌이 지나면서부터 하루에 6~7시간씩 전자기기에 노출시켰습니다. 외부에 나갈 때도 스마트폰을 보여주며 혼자 놀도록 했습니다.

이렇게 2년 넘게 스마트폰과 함께 보낸 아이는 선천적 자폐 증상 같은 행동이 나타나기 시작했습니다. 눈 마주침도 안되고, 수면의 질은 떨어지고, 이름을 불러도 반응이 없고, 운동, 인지, 언어가 늦고 사회성은 상당한 우려 수준이었습니다. 어린이집에서는 통제가 안 되고, 폭력성이 보이고, 물건을 모두 쏟거나 위험한 행동을 자주 해 환영받지 못했습니다.

크림이 부모는 이때부터 모든 전자기기를 끊고 상담센터의 도움을 받아가며 꾸준한 노력을 하기 시작했습니다. 다행히 엄마는 직장을 정리한 상태라 오전에만 어린이집으로 보내고 이 시간을 활용해 집안일을 마쳤습니다. 점심을 먹인후 어린이집에서 데려와 낮잠을 재우고 매일 2시간씩 산책하며 외부 할동을 했습니다. 집에서도 아이 혼자 있게 하지않고 무엇이든 부모와 함께하였습니다. 캠핑도 기회 될 때마다 다녔습니다. 이렇게 5년을 함께하고 난 후, 크림이는 보통의 아이로 성장했습니다.

위와 같은 사례는 헤아릴 수 없을 만큼 많습니다. 부모가 맞벌이인 경우 자녀에게 이상 발달이 나타나면 경제적 비용뿐만 아니라 부모는 죄책감에 시달립니다.

엄마는 가정에서 자녀가 적어도 만 6세 정도까지는 육아만 돌보는 생활이 가장 이상적이나 이렇게 이야기하면 구석기 인간 취급을 받을 수 있습니다. 현대 사회는 다양한 이유로 맞벌이를 하며 경제활동을 할 수밖에 없는 것이 현실이기 때문입니다. 육아는 우리 사회가 함께 풀어가야 할 중요한 문제입니다.

(2) 아기와 엄마가 마주 보게 띠를 매라

요즈음 간혹 부모들이 아기 띠를 매고 아기 얼굴이 앞을 보게 향하는데 이것은 매우 조심해야 합니다. 아이들은 시지각 발달이 안되어 외부의 공간이 위협적으로 느껴집니다.

도로의 다양한 큰 물체의 트럭과 자동차, 압도하는 건물들의 모양, 길거리 간판, 대형마트의 혼잡과 질식할 것 같은 물건들은 아이에겐 안전에 대한 불안을 조성하는 위협적인 것들입니다. 아기 얼굴을 앞으로 향하도록 하는 것은 아이를 위험에 노출시키는 안전 불감증의 행위입니다.

첫째, 영아기가 앞을 보게 아기 띠를 매면 시각적 자극이 과도하게 주어져서 뇌 발달에 부정적인 영향을 미칠 수 있습니다.

둘째, 아기 띠를 부적절하게 사용할 경우 아기의 척추에 부담이 가해질 수 있습니다. 이는 아기의 척추가 굽어지거나 휘어지는 등의 문제를 초래할 수 있습니다.

■ 아기 띠를 올바르게 맸을 때 좋은 점

— 아이에게 안정감을 제공합니다.

아기는 태어나서부터 부모의 품에서 안정감을 느끼기 때문에 아기 띠를 이용하면 부모와 함께 있다는 안전감과 편안한 환경이 조성되어 불안감을 느끼지 않습니다.
— 스트레스를 줄여줍니다.

아기 띠를 이용하면 부모가 아기를 끌어안으며 걸을 수 있기 때문에, 아기의 스트레스 수준이 낮아지고 아이가 편안함을 느낍니다.
— 소통을 촉진합니다.

아기 띠를 이용하면 부모와 아기가 매우 가까이 있기 때문에 아기와 부모의 소통이 원활해집니다. 이는 아기의 인지발달과 언어발달에 도움을 줍니다.
— 신체발달에 도움을 줍니다.

아기 띠를 바르게 이용하면 아기가 부모의 몸에 붙어 있으면서 자연스럽게 척추와 골반이 안정되고 균형감각이 발달합니다. 또한, 아기가 부모의 걷는 움직임에 따라 체중 중심을 조절하면서 근육발달에도 도움이 됩니다. 그렇다고 오랫동안 매고 있는 것은 좋지 않습니다.

(3) 아이를 바이킹 태우는 것처럼 심하게 흔들지 마세요

아기를 심하게 흔드는 것은 아기의 뇌에 심각하고 돌이킬 수 없는 손상을 일으킬 수 있습니다. 아기는 머리의 무게를 지탱할 수 없는 약한 목과 근육을 가지고 있습니다. 아기를 앞뒤로 격렬하게 움직이면 뇌에 상처를 줄 수 있습니다.

우리의 몸은 70%가 물로 이루어졌다는 것은 다 알고 있는 사실입니다. 백 일이 지나면 작은 '아기 그네' 유모차에 태워 아이가 울 때면 흔들어줍니다. 이때 살살 흔들어주는 것은 괜찮습니다. 심하게 흔들어 재우게 되면 아이의 뇌가 아직 완성 단계가 아니기 때문에 물이 뇌의 벽을 쳐서 상처를 입힐 수 있습니다. 유난히 산만하고 충동적인 아동의 양육법을 살펴보면 이런 현상이 두드러집니다.

어른이 안고 손으로 심하게 바이킹 태우는 놀이, 즉 그네를 바이킹 태우는 것처럼 높혀서 높게 흔들면 아이는 심하게 놀라기도 하고 공간지각력이 떨어져 위험에 대한 감가이 떨

어지기도 합니다. 그래서 높은 곳도 겁 없이 올라가고 감정
분화가 안돼 오히려 무섭고 두려운 상황인데도 놀라는 표정
보다는 웃는 현상을 보이기도 합니다.

(4) 대형마트에 자주 가지 마세요

성장하는 아이는 대형마트에 자주 가지 말아야 합니다. 왜냐
하면 여러 종류의 가게는 어린아이에게는 압도적이고 산만
할 수 있으며 다양한 종류의 건강에 해로운 음식과 제품들에
노출될 수 있기 때문입니다.

　복잡하고 시끄러운 환경은 아이들에게 스트레스와 불안
감을 줄 수 있습니다. 밝은 불빛, 시끄러운 음악, 많은 군중은
어린아이에겐 너무 자극적이어서 집중력을 떨어트리고 침착
함을 잃게 만듭니다.

　게다가 대형마트에서는 가공식품과 설탕이 든 과자를 진
열해 놓고 있는데, 아이에게 유혹적일 수 있고 건강하지 못
한 식습관에 길들여질 수 있습니다. 나이에 맞지 않거나 부
모가 보여주고 싶지 않은 제품에 노출될 수 있습니다.

　큰 마트에 가는 것은 피할 수 없지만, 좋은 습관과 좋은
성품의 형성을 도와주기 위해서는, 대형가게에 노출되는 것
을 제한해야 합니다.

또한, 마트만 가면 고집을 부리고 드러눕는 아이를 볼 것입니다. 대부분 부모라면 매우 난감해하고 어떻게 할 줄을 몰라 화를 내며 혼내기도 합니다. 그러나 해결책은 똑같습니다. 바로 아이를 데리고 나와 조용한 곳에서 이야기를 하든지, 이것도 안되면 그곳을 벗어나 다른 장소로 이동해야 합니다. 심리학적으로 더 깊이 말씀을 드리면 아이는 스스로 자신을 보호할 능력이 없기 때문에 불안에 사로잡혀 바닥에 드러눕는 것입니다. 특히 자기 안의 세계에 갇힌 아이의 경우가 이런 현상이 심합니다.

안전하게 있고 싶은데 주위의 환경에 압도당해 두렵고 불안하여 자기를 보호하는 방법이 없으니 울거나 드러눕는 것입니다. 다른 한편으로는 본인이 사고 싶은 물건 때문에 우는 경우가 그렇습니다. 자신의 판타지를 채워줄 수 있고 무엇이든 자신의 세계 안에서 무한한 충족감을 주는 안정감을 갖기 위해 고집을 부리고 소리 지르며 떼를 쓰는 것입니다.

그래서 똑같은 물건이 있는데도 또 사는 이유가 이런 맥락에 있습니다. 각자의 환상 속에 살고 있는 아이들만이 갖는 고유한 시기입니다. 특히 양육 방법에 일관성이 없거나 (예를 들어, 양육자가 자주 바뀌는 경우도 해당됩니다) 늘 가르치려고만 하는 부모, 약속을 잘 지키지 않는 부모 밑에서 자란 아이일수록 외부에 나가면 통제를 거부합니다. 부모에 대한 신뢰가 없으면 청소년이 되어도 이런 현상을 반복하는 경우가 있습니다.

어른들이 스트레스를 받을 때 각자 방법을 찾아 편하게 쉬고 싶어 카페를 가거나, 사우나를 하거나, 쇼핑을 하기도 하고 서점에 가는 것처럼 아이들도 각자 고유한 쉼을 얻기 위한 방법입니다. 부모와 함께 외부로 이동하지 않으면 아이는 집 안에서 장난감과 놀 수밖에 없기 때문입니다. 그래서 아이들은 마트에 가면 물건에 압도당하여 본인이 좋아하는 것에 과몰입을 하며 떼를 쓰고 하나라도 사가지고 오는 것입니다. 특히 스트레스에 취약하거나 사회적 적응의 어려움이 가중될 때 이런 현상이 두드러집니다. 아이가 어릴 때는 마트보다는 외부의 자연환경에서 충분히 뛰어놀게 하는 이유가 여기에 있습니다. 횟수를 줄여 가끔 마트에 가는 것도 한 방법입니다.

아이에게 좋은 육아 환경은 개인의 성격, 가정 상황에 따라 매우 다양합니다. 하지만, 긍정적인 육아 환경에 기여하는 몇 가지 공통적인 요소들은 다음과 같습니다.

첫째, 정서적인 따뜻함과 사랑, 보살핌을 제공하는 양육과 가정환경의 지원은 필수입니다.

아이는 부모나 보호자로부터 안전을 보장받고 사랑을 받아야 합니다. 규율의 일관성과 명확한 경계를 설정하는 것은 아이가 안전하고 안정감을 느끼도록 도울 수 있는 방법입니다. 즉, 자신의 생명과 신체에 대한 것이나 타인의 안전에 위해가 되는 것은 절대적 규율이 필요합니다. 다만, 일상적으로 가벼운 놀이상황에서나 실수는 이해하며 넘어가는 것도 괜찮습니다.

둘째, 개방적인 의사소통은 필수입니다.

아이와의 개방적이고 정직한 의사소통은 아이가 스스로 가치 있고, 이해받는다는 것을 느끼도록 도와주어야 합니다. 아이의 생각과 감정을 적극적으로 경청하며 지지해주는 태도로 대응하는 것이 무엇보다도 중요합니다. 지적하거나 비난하지 않는 태도는 부모와 자녀 사이의 건강한 관계를 형성하고 신뢰를 쌓는데 도움이 됩니다.

셋째, 다양하고 풍부한 환경이 중요합니다.

독서, 충분한 놀이, 그리고 새로운 환경을 탐험하는 것과 같은 학습과 탐구의 기회를 제공하는 것은 아이의 인지 능력과 사회적 능력을 발달시키는데 도움을 줍니다.

마지막으로 존중하고 긍정적인 관계입니다.

부모는 긍정적인 행동과 태도를 보여주어야 합니다. 아이는 부모를 관찰하고 모방함으로써 배워 나갑니다. 친절, 공감, 활기찬 회복력과 같은 긍정적인 행동을 보여주는 것은 아이가 이러한 특성들을 스스로 발전시키는데 도움을 줍니다.

요약하면 전반적으로 긍정적인 양육 환경은 사랑, 지지, 일관성, 연령에 맞는 기대, 탐구와 놀이의 기회, 개방적인 의사소통, 존중하고 긍정적인 관계를 보여주는 양육 환경이 중요하다는 것입니다.

(5) 이 시기의 아동발달 정보: 3~5세 발달특징
　─ 유아기로 접어들면서 신체 성장은 다소 둔화된다

① 신체발달

영아기와 같이 급속도로 발달이 이루어지지는 않으나, 꾸준하게 성장을 보이는 시기이다.

이 시기, 유아의 위의 크기는 성인의 반 정도도 안 되어서 한꺼번에 많이 먹을 수가 없으므로 자주 음식을 섭취해야 한다. 세 끼 식사 이외에 간식으로 필요한 영양을 보충해 주는 것이 좋다.

② 수면시간

규칙적인 수면은 건강한 신체발달과 관계가 깊다. 아동이 성장하면서 수면시간은 줄어드나 밤의 수면시간은 별 차이가 없고 낮잠 자는 시간만 줄어든다.

3세까지는 대개 한 번의 낮잠을 자나. 4세가 되면 낮잠을 자지 않는 아동도 많다. 낮잠을 자지 않은 아이는 점심 식사 후에 휴식을 취하도록 권장한다.

③ 운동발달

4세 유아의 이동 운동은 한쪽 발을 들고 깡충깡충 뛰어다니며, 던지는 공을 받을 수 있다. 또한, 이때 유아는 가위로 표시된 선을 따라 자를 수 있고, 사람도 그리며, 여러 가지 모양을 만들고 구슬을 실에 꿰고, 연필 혹은 크레용을 자유롭게 사용하며, 세모와 네모뿐만 아니라 다른 모양을 그리고 글자와 숫자를 보고 베낄 수 있다.

눈과 손의 협응 면에서 보면 4세 아동은 혼자서도 단추를 채우고 옷을 입을 수 있으나 복잡한 구조의 옷은 앞뒤를 잘 구별하지 못하며 잘 입지 못한다. 또한, 이때부터 유아는 스스로 얼굴이나 손발을 씻고, 이를 닦을 수 있게 된다.

4세 이하의 어린이 중에서 상당수가 손가락을 빠는 버릇이 있다. 5세가 되어 그 버릇이 계속되지 않는다면 치아발달에 지장을 초래하지는 않는다.

3~4세 이하의 유아가 손가락을 빠는 습관은 무시하는 것이 좋다. 4세가 지나도 여전히 손가락을 빠는 경우엔 치아교정 장치를 해줌으로써 손가락 빠는 습관을 없애기도 한다.

5세 유아의 이동 운동을 보면 발을 번갈아 가면서 들고, 깡충깡충 뛰고, 도로의 줄을 뛰어넘으며 수영 등을 할 수 있다. 5세 여아는 음악에 맞춰 발을 가볍게 치거나 한 발을 들고 균형을 잡거나 깡충 뛰기 그리고 공을 받는데 남아보다 더 능숙하다. 또한, 5세 유아는 배설 뒤의 처리를 혼자 할 수 있게 되며 양손 중 어느 한 손의 사용을 선호하는 것이 명백히 나타나는데, 10명 중 1명은 왼손잡이이며 남아에게서 더 많이 나타난다.

소근육 협응에서는 여아가 남아보다 늘 한 단계 앞서는데 골격의 차이에 의한 것일 수도 있다. 그러나 그런 차이는 남아와 여아에게 다른 유형의 활동을 격려하는 사회적 태도가 반영된 결과인지도 모른다.

■ 건강한 신체의 발달은 아동의 운동기능을 원만히 해주고 자신감을 길러줄 뿐 아니라 사회적 관계를 이루는 데도 영향

을 미친다. 그렇기 때문에 부모는 자녀가 건강한 신체를 갖도록 영양섭취에 주의를 기울이며 규칙적인 생활습관을 형성하도록 도와주어야 한다.

④ 언어발달

— 이젠 문장으로 말해요

3세에서 4세가 되는 과정에서 언어발달이 가장 빠르게 나타난다. 어휘가 늘어남과 동시에 사용하는 어휘의 연결 감각도 발달하게 된다. 이때에는 두 단어 문장이 4~5개 단어 문장으로 늘어나면서 급속한 문장 능력을 발휘한다. 대략 1,500 내지 2,000단어 정도의 어휘를 이해하고 구사할 수 있게 된다.

또한, '위, 아래, 안, 앞, 뒤' 같은 위치에 관한 전치사들도 사용할 줄 알게 되며 복수형, 대명사, 정확한 시제를 사용하게 된다. 명사보다는 동사를 많이 사용한다. 그리하여 3세 후반 4세부터는 우리말이 가지는 문법 체계의 상당한 부분을 익히게 된다. 이때부터 문장에 대한 일단의 기본적인 언어능력이 획득된다고 할 수 있다. 이때 형성된 기본적인 언어에서 보이는 아동 언어의 특성들은 예를 들면, "철이야 동생을 찾아서 저녁 먹을 시간이 되었다고 해"와 같은 행동의 순서를 이해할 수 있다거나, 가족 외의 사람도 자녀의 말을 이해할 수 있다. 그리고 친구들과 훨씬 더 많이 대화를 한다는 것이다. 이때에도 문법에 맞는 문장을 사용한다. 보편적인 언어의 형태를 보면 반복, 독백, 집단적인 독백이 있다.

5~6세의 아동은 6~8단어로 된 문장을 사용하기 시작하며 간단한 단어의 의미를 정의할 줄도 알게 되고 반대말도 이해하기 시작한다. 예를 들면, 우유는 마시는 것, 공은 던지는 것, 사과는 먹는 것, 아빠는 회사 가는 사람, 아기는 잠자는 사람 등과 할머니의 반대는 할아버지라는 것을 알게 된다.

일상언어에서 접속사, 전치사 등을 사용할 수 있게 되며, 비교적 문법에 맞는 정확한 어휘를 구사할 수 있게 된다. 언어사용도 자기중심에서 사회 중심으로 이동하며 어휘도 2,000~2,500단어로 늘어난다.

5세 정도의 유아는 말하기를 좋아하고 비교적 긴 대화를 나눌 수 있다. 집에서 일어난 일을 교사에게 이야기하고 유치원에서의 일과를 부모에게 말하기를 좋아한다. 그러나 개인차가 있을 수 있으니 아동이 이야기하려 하지 않을 때는 억지로 캐묻는 것은 바람직하지 않다.

■ 유아는 이야기 듣는 것을 좋아하지만 스스로 구석에서 책을 보거나 읽기도 하며, 책에서 아는 낱말을 찾아내는 것을

즐긴다. 책의 한 페이지의 내용을 모두 기억하고 어느 때는 책 전체를 기억하기도 한다.

또한, 어린애가 부정확한 유아어를 사용했을 때 가족들이 그대로 흉내를 내거나 유아어를 어린애 말 그대로 사용하는 것은 바람직하지 못하다. 올바른 발음으로 완성된 말을 사용해서 들려주어야 한다.

첫째, 아이는 다양한 감각을 키워가면서 남의 이야기를 듣고 적극적으로 말의 능력을 발달해 나간다. 감동과 적극적인 행동이 뒤따르지 않고는 바람직한 언어발달이 이루어지지 않는다.

둘째, 말이란 단순한 소리의 연결이 아니라 물체나 어린애의 행동과 연결되어야 바람직한 말이 되기 때문에 가능한 한 아이에게는 풍부한 체험을 시키면서 말을 익히도록 해야 한다.

■ 아동의 언어발달을 위하여 어려운 발음을 반복시키는 연습으로 '꼬부랑 할머니'를 권장한다. 노래 가사에는 발음하기 어려운 된소리가 많아 연습용으로 적당하다.

한편, 언어발달이 이루어지는 4~5세는 프로이드가 주장하는 성기기에 해당하므로 유아들이 '성기와 대소변, 방귀'

등의 용어에 관심을 갖기 때문이라고 볼 수 있다.

⑤ 정서발달

— 무서워요

연령의 증가에 따라 유아의 정서 표현은 더욱 분명해진다.

가. 자율성

서너 살이 지나면 아이는 새로운 정서발달 과정에 든다. 이제 아이는 어느 정도 대소변을 가릴 수 있게 되며, 또 그렇게 기대된다. 부모와 가정의 울타리를 벗어나 친구와 어울려 지내게 되는 시간이 점점 많아진다. 따라서 용변조절에 실패하였을 때는 그만큼 부모로부터 꾸중이나 놀림을 받게 되며, 또한, 넓어진 사회적 관계는 다른 사람의 평가와 비교 당하는 일이 많아진다.

이 시기 정서적 갈등은 아동의 활력이 건설적으로, 그리고 남들이 가치를 두는 쪽으로 사용되었는지, 아니면 그 반대로 비생산적이고 거부되는 쪽으로 사용되었는가에 관한 것이다.

노력해도 자신의 기대에 미치지 못하거나 성인의 기대에 미치지 못했다고 생각하면 아동은 죄책감을 가진다. 어른이 아이의 행동을 나쁜 것으로 여기게 하거나, 아동의 놀이를 시시한 것으로 생각하게 만들거나, 아이가 과장하여 하는 얘기를 거짓말하는 것으로 넘기거나, 뭘 시작하여 끝까지 하지 않으면 책임감이 없다고 하는 등, 그런 식으로 아이를 대하면 아이는 죄책감을 가지게 한다.

반면에 자신감을 가지고 솔선하는 아동은 에너지를 건설적으로 사용할 수 있는 방법을 찾아서 자신의 능력이 신장되는 것에 즐거움을 느낀다. 이들은 더 잘 협조하고, 자존심이 상하지 않고도 친구에게 도움을 청할 수 있다.

■ 성인은 아이에게 생활에서 사용되는 실제 물건들, 가령 부엌살림이나 목공 도구를 만져보고 사용해 보게 하는 등 아동이 스스로 해보게 해야 한다. 아동은 그 과정에 대해 더욱 격려받고 허용되어야 할 존재이며, 어른이 보여준 시범대로, 또 지시대로 따르게 하기보다는 아동 스스로 실험하고 조작해보는 기회를 많이 가지도록 배려되어야 할 존재이다.

아동의 자발적놀이 시기의 중요한 학습방법이다. 아동으로 하여금, '나는 할 수 있다'라는 성취감을 가지게 해야 한다.

나. 공포와 불안

연령에 따라 공포의 대상이 달라진다. 공포의 대상은 어두움, 죽음, 혼자 있는 것, 상상의 동물 등이다. 4세가 되면 이유가 없는 공포가 더욱 심해지나 깜깜한 방에서 잔다는 것에 공포를 느끼지 않는다. 그러나 5세가 되면 동물에 대한 공포심은 줄어드는 반면 어두움에 공포를 느낀다. 이는 5세 아동은 상상력이 발달되어 있기 때문이다.

■ 불안과 공포를 느끼는 아동에게는 그 원인을 자세히 설명해 주어 극복할 수 있도록 도와주어야 한다. "바보같이 뭐가 무서워" 등의 반응은 아이로 하여금 스스로 바보 같다는 생각을 갖게 하여 부정적인 자아감을 형성하게 한다. 아이의 불안과 공포의 감정을 완전 무시하는 것은 바람직하지 못하므로 무엇보다 대화가 중요하다.

다. 공격성

4~5세 유아는 놀리고, 흉보고, 욕하며, 상대방을 위협하고 모욕을 가하는 등 언어적 공격성도 나타난다. 이 시기 아동의 공격성은 자신에게 이익이 되는 것을 얻기 위해 타인에게 해를 가하는 도구적 공격성이다.

2세경에 공격적인 아동은 5세에도 공격적이다.

■ 공격성을 감소시키는 방법으로는 공감 훈련이 있다. 공격적 행동의 동기는 분노이므로 분노를 공감으로 대치시키거나 공감을 증진시키는 방법이다. 즉, 갈등 상황에서 자신의 분노에만 몰입하는 것에서 벗어나 타인의 슬픔, 분노 등의 정서적 감정을 이해할 수 있도록 도와주는 것이다.

⑥ 자아발달

이 시기 유아는 애착 대상과의 격리에는 어느 정도 의연히 대처하게 되면서 개체화가 이루어지기 시작한다. 유아의 개체화를 뒷받침하는 것은 두 가지 능력의 발달인데, 하나는 사물을 스스로 조작할 수 있는 조작 능력의 발달이며 다른 하나는 자신이 부모와 다른 사람에게 영향을 미칠 수 있다는 자신의 능력에 대한 인식이다. 이 시기에 자조 기능이 발달하면서 유아는 자기 몸과 주변의 환경을 능숙하게 조절할 수 있게 되어 자율감과 성취감을 맛보게 된다.

유아는 블록 쌓기 등의 놀이를 즐기면서 제 뜻대로 잘 쌓으면 기뻐하고, 실패하면 몇 번이고 반복하면서 잘 안 되면 화를 낸다. 놀이를 통해 유아는 새 기술을 익히고 그것을 기

초로 하여 보다 세련된 다른 기술을 배우려고 끈질기게 시도
한다.

⑦ 인지발달

이 시기 유아는 인지, 지능, 언어 학습의 각 영역에서 현저한
발달을 보인다. 사고와 행동에서 상징을 사용할 수 있고 연
령, 시간, 공간, 도덕적 개념들을 보다 효과적으로 다룰 수 있
게 된다. 그러나 아직 실제가 아닌 것으로부터 실제를 완전
히 분리시킬 수 없으며 자기중심적이다.

이 시기 유아는 다른 피조물들도 모두 자기와 같이 생명
이 있고 느낌이 있다고 생각하며, 아직 다른 사람의 입장에
서는 생각하지 못한다.

가. 분류화

4~5세가 되면 부분적으로는 분류를 하나 그 기준이 명확하
지 않고 시시각각 변한다. 예를 들어, 4세 된 아동은 "네 집에
는 애들이 많니? 어른이 많니?"에는 대답할 수 있지만 "네 집
에는 애들이 많니? 사람이 많니?"라는 물음에는 대답을 못
한다.

나. 서열화

4~5세 아동은 길이에 따라 순서대로 나열하지 못한다. 예를 들어, 여러 개의 길이가 다른 막대기를 주고 제일 긴 것을 고르게 하는 것이나 제일 짧은 것을 고르는 것은 할 수 있으나 길이에 따라 순서대로 나열하라고 하면 하지 못한다.

왜냐하면 한 막대기가 다른 막대기보다는 크지만 동시에 그 막대기가 또 다른 막대기보다는 작다는 것을 사고할 수 없기 때문이다. 5~6세가 되면 여러 막대기를 배열할 때 일부분은 순서대로 할 수 있으나, 완벽하게 나열하지 못한다. 다음 단계인 구체적 조작기에 들어가면 완전한 서열화의 개념을 획득하게 된다.

다. 인과관계

특정 사건의 원인과 결과를 안다는 것은 사고의 추론이기 때문에 4~5세 아동은 원인과 결과를 쉽게 추론하지 못한다. 어떤 시간에 대해 논리적으로 서로 관련짓지 못하기 때문이다. 비논리적이면서 주관적인 인과관계를 아이의 독특한 자연관에서 볼 수 있는데 물활론과 같은 것이다.

물활론이란 이 세상에 존재하는 모든 물체에는 생명이 있다고 믿는 아동의 사고이다. 모든 물체는 인간과 마찬가지로 숨 쉬고 아픔을 느끼고 자란다고 믿어 무생물과 생물의 구별을 못한다. 이 물활론은 연령에 따라 달라지는데 처음엔 모든 사물에 생명을 부여하다가 4세 이후가 되면 활동하는 것이나 인간에게 영향을 주는 모든 것은 생명이 있다고 믿는다. 난로, 자전거, 차, 태양 등이 그 예이다.

라. 시간, 공간, 연령

아동이 공간의 개념을 획득하는 데는 시간이 걸린다. 4~5세 아동을 마주 보고 오른손을 들어보라고 하면 쉽게 자기의 오른손을 드나 마주 본 사람의 오른손은 어떤 것이냐고 물으면 자기의 오른손에 위치한, 즉, 마주 본 사람의 왼손을 가리킨다.

4세 유아는 연령의 개념이 아직 정확히 발달되어 있지 않은데, 예를 들어, 유아는 엄마보다 키가 큰 이모가 엄마더러 언니라고 부르면 왜 그렇게 부르냐고 의아심을 갖는다. 왜냐하면 이 아동에게는 언니란 호칭은 연령에 의해서가 아니라 키에 의해서 결정된다고 믿기 때문이다.

⑧ 사회성발달

4~5세는 평행놀이 형태에서 연합놀이로 넘어가는 시기이다. 유아들은 무리 지어 놀이를 한다. 모래 놀이터에서 무리

를 짓거나 미끄럼틀에서 떼를 지어 같이 소리를 지르며 공감을 표현한다.

연합놀이는 여러 아동이 같은 활동을 개별적으로 하는 것에서도 나타난다. 놀이집단에서 한 아동이 물놀이나 마루에 구르기 등을 시작하자마자 이것이 곧 퍼져 모두가 그것을 따라 한다. 행동의 전염이라고 한다. 즉, 행동이나, 기분 그리고 충동이 집단에 확산되는 것이다. 행동 전염은 감정이입의 한 표현이다.

어린아이가 독립적 행동을 했을 때 칭찬으로 격려해 주어 그들의 독립적인 욕구가 자발적으로 생기도록 유도하는 것이 바람직하다. 어머니 이외의 여러 사람, 즉 아버지, 할머니 이웃 사람 등과의 자연스러운 접촉도 독립심을 기르는 데 도움이 되며, 시장이나 어머니 친구 집에 함께 방문하는 것도 아동으로 하여금 다른 세계를 보게 하므로 나중에 어머니로부터 떨어져 나가는데 도움이 된다.

⑨ 친사회적 행동

친사회적 행동이란 타인과의 관계에서 사회적으로 바람직한 행동을 말한다. 나누기, 돕기, 위로하기, 보살피기, 협조하기 등이 대표적인 행동이다. 친사회적 행동이 일정 수준의 인지 및 정의적 능력을 요구하기 때문에 아동의 연령이 증가할수록 친사회적 행동도 증가한다.

친사회적 행동은 4세부터 증가하여 9~10세에 가장 높은 수준을 보인다. 아동의 친사회적 행동은 모델의 행동을 모방함으로써 촉진되므로 일상생활에서 부모, 교사, 또래가 보여주는 이타적 행동이 중요하다.[10]

---

10) 권혜진 석사 대학원 「아동발달 수업」 자료임.

4부

아동기 놀이에 대하여

1. 놀이를 잘할 줄 아는 자녀로 성장시켜라
— 물고기는 헤엄을 치고 아이들은 놀이를 하며 자란다

인간은 자연을 대상으로 놀이를 했습니다. 놀이는 자연이며, 동심을 의미합니다.

놀이란 가장 자유로운 신체의 해방이며 상상의 세계에 놓인 경험을 마음껏 창조할 수 있는 상태를 말하기도 합니다.

놀이는 어린이들이 다른 사람과 상호작용하고, 의사소통 기술을 연습하고, 다른 사람들과 협력하고, 협상하는 방법을 배우는 기회인 동시에 사회적 기술 향상을 제공받는 징검다리입니다.

■ 놀이를 통한 영향은 다음과 같습니다

— 놀이는 상상력을 통하여 창의력과 문제해결 능력을 증진
시키면서 다양한 시나리오를 탐험할 수 있게 창의성을 개
발해 줍니다.

— 놀이는 아이들의 발달과 행복에 매우 중요한 영향을 끼칩
니다. 아이들이 사회성, 창의성, 문제해결력, 의사소통 등
다양한 기술과 개념을 배우고 실천하는 것은 놀이를 통해
서 시작됩니다. 신체발달을 촉진하는 운동 기술, 균형, 조
정, 그리고 전반적인 신체 건강을 발달시키는 것들을 도움
받습니다.

— 놀이는 창의성과 비판적 사고를 촉진하면서 인지발달을
돕고 아이들이 다른 생각과 개념을 탐구하고 실험할 수 있
게 해줍니다.

— 놀이는 아이들이 감정을 통해 자신을 표현하는 방법으로,
정서적 조절과 회복력을 발달시키도록 정서발달을 도와
줍니다.

— 놀이는 아이들에게 스트레스와 불안을 해소하는 좋은 방
법이 될 수 있고, 정신적 스트레스를 해소시키며 행복을
증진시킬 수 있습니다.

전반적으로 놀이는 아이들이 배우고, 성장하고, 그들 주변의 세상을 탐험할 수 있는 기회를 제공하면서, 아이들의 발달에 필수적인 것들을 제공합니다.

몸을 통한 놀이는 혼자만 잘해서는 안 되기 때문에 서로 의논하면서 협동해야 하는 것을 배우고, 긴장의 기회도 갖게 됩니다. 놀이는 기본적인 규칙하에 정해진 틀 없이 자유롭고 창의적으로 전개해 갈 수 있습니다. 자신이 갖고 있는 내면의 세계를 이끌어 내어 표현함으로써 더 재미있는 놀이를 즐기게 되므로 매우 창조적입니다. 놀이 중에 협동 놀이는 특히 정서발달과 신체발달, 교우관계 형성에 매우 효과적입니다. 또한, 놀이를 통하여 자신을 표현하고, 반성하는 기회를 갖게 되어 자아 개념 형성에도 긍정적인 영향을 줍니다.

세계 어느 나라든지 놀이의 기원은 자연을 대상으로 하거나 모방하는 데서 발생하였으며, 어떤 의식에 포함되어 있거나 의식 자체가 놀이이기도 합니다.

놀이를 할 때는 일체의 목적, 의무, 근심에서 벗어나 무위와 무심의 상태에서 하는 것이며, 그 순간에 인간 본연의 모습을 드러내게 된다는 것입니다.

아쉽게도 현대의 놀이들, 특히 전자기기 게임을 통한 놀이는 인간의 정서와 거리가 멀고, 신체 놀이와는 그 발생부터 다릅니다. 어린이에게는 협동과 신체를 통한 놀이가 인성 교육의 측면에서 교육적으로 효과적입니다. 즉, 놀이하는 아동은 진정한 어린이의 아름다운 본성을 표현하며, 나아가서 완전한 관계를 추구하는 즐거운 동심을 가지고 있다는 것을 의미합니다.

어린이는 놀이의 직접적인 체험을 통하여 삶을 자연스럽게 이해하고 내면화하며, 재현함으로써 삶의 전망을 위한 상상력을 발휘하게 됩니다.

놀이에는 세계 공통인 줄넘기 놀이와 술래잡기가 있습니다. 게임 놀이는 신체 놀이보다 훨씬 중독성이 강한 반면에 아이들에게 적지 않은 스트레스를 줍니다. 그 이유는 고립된 게임의 틀 안에서 인터넷상의 게임 대상자와 혼자 대화를 나누며 진행되기 때문입니다. 경쟁의 연속성상에서 해결 방법은 상대를 파괴하여 없애야 하고, 게임이 끝나도 점수가 누적되어 다음 게임으로 이어지기 때문에 게임에서 요구하는 것은 게임 요령의 터득과 숙달된 기술입니다.

반면에 신체 활동 놀이는 나라마다 다르지만, 놀이의 규칙에 따라 승부를 내기도 합니다. 놀이하는 과정에서 서로 협동하고, 창조해내고, 이기기 위해 의논하고 지혜를 내는 활동을 하면서 신체발달, 친구 간의 우애, 협동심, 고등정신

기능의 발달을 가져옵니다. 또한, 놀이에서 자신을 망각하고 진지하게 놀이에 몰두할 때 새롭게 주체성이 확보된다고 합니다. 즉, 이전의 나를 벗어버리고 놀이 자체에 의해 주어지는 진정한 나를 인식하게 되는 것입니다.[11]

자연에서 하는 놀이는 긴장과 쾌락과 재미를 동반한 놀이를 아이에게 주고 '재미'라는 요소는 다른 어떤 정신적 범주로도 환원시킬 수 없는 개념입니다.

그러나 수많은 상담과 놀이치료를 하면서 안타까운 건 아이들이 또래와 함께 놀이할 수 있는 여건이 점점 안되고 있다는 사실입니다. 동네 놀이터에서도 아이들의 재잘거리는 소리는 들리지 않고, 모래도 사라진 지 오래입니다.

아이들은 충분한 자연 놀이를 통해 사회질서를 배워야 하는데도 영아기 때부터 문화센터나 다양한 짐 센터의(실내에서 하는 영유아 도구 놀이) 정해진 프로그램으로 대신하고 있습니다. 그곳을 가지 않으면 사회적으로 고립되고, 또래를 만날 수 없어 불가피한 선택일 수밖에 없습니다. 아이가 이곳저곳 프로그램화된 곳에 익숙해지다 보면 스스로 무엇을 하고자 하는 생각을 멈추게 될 것입니다.

탐색하고, 만져 보고, 조립하고, 발견하며 만들어가는 성

---

11) 정낙림, 『놀이와 철학』, 한국연구재단, 2017.

취감을 느끼는 아동은 독립적이고 주도적으로 생활을 이끌어 나갑니다. 일찍부터 남이 떠준 것에 익숙해지면 아이의 행동은 누군가 본인에게 관심을 두지 않거나 심심하면 매우 짜증을 내고 부모를 힘들게 하는 경우가 많습니다. 더불어 매우 수동적이고 회피적일 수 있으며 반대로 충동적이고 산만해질 수 있습니다. 또한, 직접 경험도 해보기 전에 이미 책으로, 행동으로 먼저 규칙만 만들다 보니 스트레스가 심해 사회성에서 어려움을 겪습니다.

아이들의 사고는 어른처럼 논리적이지 않으며, 좋고 싫음의 감정으로 움직입니다. 싫으면 이유 없이 무조건 싫고 좋으면 그냥 좋습니다. 여기에 이유가 없습니다. 게다가 많은 부모들이 남에게 피해줄까 봐 "안 돼", "위험해" 하는 소리를 반복하는 악순환이 계속되고 있습니다.

2. 에빙하우스의 망각곡선

1) 학습은 하루가 지나면 70%는 망각합니다

돌아보면 수없이 많은 것을 학교에서 학습하고 익혔을 텐데 기억에 남는 것이 거의 없습니다. 그렇지만 몸을 통해 익힌 놀이는 시간이 흐르고 흘러도 기억합니다. 몇십 년이 흘러도 몸은 바로 재현이 됩니다.

예를 들어, 자전거를 배워 두면 시간이 흘러도 바로 감각을 찾아 타게 되고, 수영을 배워 두면 언제든지 수영을 할 수 있습니다.

신체를 통해 터득한 놀이는 그 시절의 기억을 떠올리면

소중한 추억인 이유가 여기에 있습니다.

그러나 머리로 암기하고 머리로 배우는 공부는 어제 배운 것도 하루가 지나면 70%는 사라집니다. 독일의 심리학자, 헤르만 에빙하우스(Hermann Ebbinghaus)는 1885년에 기억의 실험 결과인 「기억에 관하여」를 발표하였습니다.

'에빙하우스의 망각곡선'의 그래프로 보면 학습 후 20분이 지나면 58.2%를 망각하고 하루가 지나면 70%를 잊어버립니다. 머리로 배운 것을 바로 잊어먹는 기억의 퍼센트를 다음의 그래프를 보면 한눈에 알 수 있습니다.

에빙하우스의 망각곡선

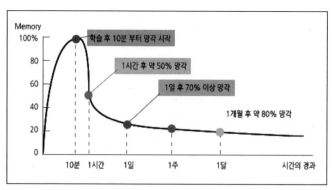

출처: Anderson, J. R. (2012). 인지심리학과 그 응용. 이영애 역

좀 더 자세하게 살피면 아래와 같습니다.

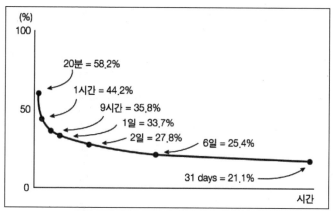

출처: Anderson, J. R. (2012). 인지심리학과 그 응용. 이영애 역

위 내용을 보면 학습한 내용을 잊어버리는 게 당연한 결과입니다. 새롭게 배운 내용을 잘 암기하기 위해서는 수없이 반복해야 하는 것입니다. 노래 가사를 잊지 않고 잘 기억하는 것도 이런 반복 효과입니다.

2) 아이들은 저렴한 장난감에 끌린다

아이들은 비싼 장난감보다는 불량해 보이는 딱지놀이가 즐겁고 비싼 음식보다는 길거리 음식이 맛있습니다. 이유는 새로운 것을 탐색하고, 창의적인 활동을 즐기며 놀기 때문에, 저

에빙하우스의 망각곡선

렴한 장난감은 간단하고 직관적이며, 직접 만들거나 가공해 볼 수 있어 창의력과 상상력을 동원하는 이유이기도 합니다.

아이들은 어른들처럼 사물을 바라보는 지각의 틀이 완성되지 않았기 때문에 물건을 보더라도 한 가지 사물로 보지 않습니다. 그래서 비싸고 완벽한 모양의 장난감은 아이들에게 호기심을 주지 않습니다. 어른들의 눈에 고가인 장난감도 분해하려고 하고 이것이 안 되면 처음 몇 번 가지고 놀다가 금방 흥미를 잃습니다.

피카소가 "아이들은 모두가 다 예술가다"라고 말한 것처럼 아이들은 똑같은 장난감을 가지고 놀더라도 창의적으로 노는 경우를 자주 목격할 것입니다.

놀이치료를 하면서 부모와 아이가 함께 성장해가는 모습이 가장 큰 기쁨이지만 아이들이 생각지도 못한 방법으로 사물을 만들고 놀이를 할 때 더 큰 희열을 느낍니다.

3) 전지전능 시기의 놀이

스파이더맨 옷을 입으면 스파이더맨이 된 줄 알고 냉장고에 오르려고 하고, 벽을 타고 올라가 뛰어내릴 수 있다고 생각을 합니다. 멋진 캐릭터 옷을 입고 유치원에 가고 싶어 하고 친구들에게 보여주며 마법의 세계에서 힘자랑도 하고 싶어 합니다. 겨울 왕국의 안나 드레스를 입으면 안나처럼 얼음성 안에 갇혀 있는 공주가 되어 판타지 놀이에 몰입을 하기도 합니다.

아이들에게 흔히 볼 수 있는 환상의 시기에는 본인이 세상의 주인공이 된 줄 압니다. 저 하늘의 해님도 자신을 위해 있고, 자신이 가는 곳마다 태양이 따라 다닌다고 표현을 합니다. 해가 물속에 비추면 자신이 수영하는데 차가울까 봐 물을 따뜻하게 해준다고 생각합니다.

이렇게 무엇이나 할 수 있고 자신이 원하는 것은 무엇이든 다 할 수 있다는 전지전능의 시기는 아이들이 보편적으로 갖는 판타지입니다.

이런 판타지를 받아주는 부모가 있고, 누군가 응원을 해주면 더욱 신이 나서 놀이에 집중하고, 아이는 밝게 잘 자랍니다. 반면 매사에 간섭하고 아이의 들뜬 마음 상태를 지적하고 핀잔을 주는 부모 밑에서 자란 아이는 부모 눈치를 보며 의기소침해집니다.

4) 놀이를 많이 하는 아이는 ADHD 현상도 줄어든다

2021년 기준 국민건강보험에 따르면 4년 사이에 ADHD (attention deficit hyperactive disorder: 주의력결핍과잉행동장애) 환자가 2배 급증했다고 합니다.

특히 전체 환자 중 10대 41% 중에서 9세 이하가 24%라고 합니다. 남자 아동에게서 '최다'로 나타났습니다. 9세 이하의 경우 남아가 여아의 3.8배에 달했고 10대는 3.2배였습니다.[12]

ADHD는 비교적 흔하게 발생하는 신경발달 질환입니다. 집중하는 데에 어려움을 겪으며 충동성이 특징입니다. 과잉행동과 충동성, 주의력 결핍, 감정 조절 및 대인 관계의 어려움, 학습 및 수행능력 저하 등이 동반됩니다.

주의력결핍과잉행동장애가 요즘 아이들에게 증가하는 이유에 대해서는 명확한 원인이 밝혀진 바가 없습니다. 다만 여러 가지 요인이 작용할 가능성은 있다고 보고되고 있습니다.

---

12) 한국경제신문, 2023. 3. 2.

■ 그 이유는 다음과 같습니다

최근 ADHD에 대한 인식이 부모와 의사들에게도 높아져 과거보다 진단율이 많아졌습니다. 진단을 받지 못한 아이들이 이젠 진단을 받아 치료받고 있다는 것을 의미하기도 합니다.

ADHD가 가족 내에서 유전적으로 영향을 미칠 수 있다는 보고가 있습니다. 인구가 증가함에 따라 ADHD의 사례가 더 많아질 수 있습니다.

납과 살충제와 같은 환경 요인에 따른 특정 독소의 노출은 ADHD와 관련이 있을 수 있습니다. 게다가 생활방식과 식습관의 변화 또한, ADHD 증가의 원인일 수 있습니다. 예를 들어, 아이들이 전자 매체 앞에서 더 많은 시간을 보내고 있으며, 이것은 주의력과 행동에 상당한 영향을 미칠 수 있습니다.

일찍부터 학업 성적에 대한 압력이 높고 첨단기기 기술 사용과 같은 우리 사회의 변화 또한, ADHD 증가의 원인일 수 있습니다. 어린 나이부터 집단생활을 하고 학원에 다니면서 오랜 시간 가만히 앉아 학업에 집중할 것을 요구 받는 시대에 살아가는 아이들에게 영향을 미치는 것으로 보고되고 있습니다.

ADHD는 많은 아이에게 영향을 미치는 실제적인 현상이지만, 과잉 진단되고 있다는 우려도 있습니다. 일부 전문가는 쉽게 산만해지거나 지나치게 활동적인 것과 같은 정상적인 행동을 과잉적으로 진단을 내려 ADHD로 병리와 된다고 주장하기도 합니다.[13]

■ 다음은 실제 사례입니다

상담사: 수리야 넌 크면 어떤 사람이 되고 싶어?

아   동: 방금 뭐라고 했어요?(계속 다른 데를 쳐다보며 집중을 안 함)

상담사: 응, 크면 어떤 사람이 되고 싶냐고 물었지

아   동: 저요, 난 조까치 살고 싶어요.

상담사: 선생님이 이해를 못했는데 다시 말해 줄래?

아   동: 조.까.치.요

상담사: 그래! 그게 무슨 말이야

아   동: 선생님이 돼가지고 그것도 몰라요? 십, 일, 억, 백, 조 (순서 빼먹고 틀리고)

---

13) 세계보건기구.

아동은 아주 오래 사는 사람이 되고 싶다는 것을 이렇게 표현했습니다.

수리는 16개월부터 어린이집에 다니기 시작했습니다. 이후 6세가 되도록 어린이집에서 많은 시간을 보냈습니다. 아침 9시에 등원해 저녁 5시까지 기관에서 대부분 지냈습니다. 수리는 활동적이고 호기심도 많았지만 만 3세가 지나면서 매우 산만해지고 짜증을 많이 부렸습니다. 만 4세가 되면서 어린이집이 끝나면 바로 학원으로 보내졌습니다. 미술학원, 태권도 학원에 들렀다가 엄마의 퇴근시간에 맞춰 집으로 왔습니다.

병원에서는 아동에게 ADHD 의심 소견이 보이지만 진단은 내리지 않고 두고 보자고 했습니다. 아직 성장 단계에 있으니 상담 도움을 받으며 지켜보자고 한 것입니다.

수리는 만 6세가 되도록 발음의 정확도 정립이 안되고 묻는 말에 동문서답하는 경우가 종종 있었습니다. 다행히 사랑을 많이 받고 자라 어떠한 상황에서도 당당했습니다. 수리는 기본 검사에서 전반적 언어발달과 이해력이 부족하다는 진단을 받았습니다. 부모와 상담을 통해 학교에 가기 전 어린이집 기관에서 점심만 먹고 귀가 시키는 것으로 합의를 보고 꾸준하게 상담을 받도록 했습니다.

엄마의 큰 결단으로 그때부터 수리는 평일에도 엄마와 함께 자연에서 뛰어 노는 생활 위주로 조금씩 바뀌 나갔습니다. 시간이 될 때마다 공원에 나가 자전거를 함께 타고, 킥보드를 신나게 타고, 바닷가에 가서 모래놀이를 충분히 했습니다.

아동이 좋아하는 음식이나 장난감 이름을 신문지나 전단지를 찾아 동그라미 치는 방법으로 주의력을 향상시키며 다양한 보조 자료를 통해 놀이치료와 언어치료를 함께 병행했습니다.

이렇게 1년을 지내면서 수리는 산만하고 집중력이 저하된 아동이 아니라 건강한 아동으로 잘 성장했습니다. 부모 또한, 많은 노력을 하면서 수리에 대한 재발견을 했습니다.

아동기 시절, 놀이를 통한 치료는 마법 같은 기적을 이루어 냅니다. 자녀가 어릴수록 부모의 노력은 더욱 빛이 납니다.

3. 6~7세 아동발달 정보

6세의 평균 신장은 111㎝정도이고, 체중은 평균 19㎏입니다. 아동의 성장하는 속도는 개인마다 다릅니다. 대근육, 소근육 기능의 발달 과정에서 종종 서투르기는 하지만 친구들과 열심히 뛰어다니고 밖에서 신나게 놀이할 수 있을 만큼 자유롭게 달릴 수 있습니다.

활동량이 많아서 6~7세 아동은 일반적으로 야윈 몸과 긴 팔과 다리 커다란 손과 발을 가지고 있습니다. 만 6세가 된 아동은 움직임이 빠르고, 쉬지 않고 끊임없이 활동하고, 남아는 강한 근육에 더 흥미를 가지는 반면 여아는 동작이 보다 더 아기자기하게 됩니다.

만 7세가 되면, 남아, 여아 모두 장애물 뛰어넘기나 눈을 감은 채 한 발로 균형 잡기와 같은 보다 복잡한 운동을 할 수 있습니다.

■ 어머니는 아동이 대근육과 소근육을 발달시킬 수 있도록 시간을 만들어 바깥에서 놀이할 수 있도록 긍정적으로 강화하고 성장이 잘 되도록 영양가 있는 식단을 준비해야 한다. 6세쯤 젖니가 빠지고 영구치가 난다.

■ 어머니는 아동의 치아 관리에 신경을 써야 한다. 아동에게 치아건강의 중요성을 설명하고 식후, 취침 전 양치질을 할 수 있도록 지도하고 치과를 찾아가 치아건강을 체크해봐야 한다.

■ 만 7세가 되면 안구가 완전히 발달한다. 안과 검사를 받아 시력을 점검하고 시력을 해치지 않도록 TV 시청 시 1m 거리를 유지하고 독서를 할 때도 책상에 바르게 앉아서 30cm 정도의 거리를 두도록 지도해야 한다.

1) 언어발달

언어발달에 영향을 주는 요인으로는 지적 능력과 성별, 가정

환경 정도를 꼽을 수 있다. 일반적으로 지적 능력과 언어발달은 정적 상관관계에 있다. 성별에서도 여아가 남아보다 말하기 시작하는 시기나 문장을 사용하는 시기에서 또 유창성에 있어서도 우수하다.

의학적으로 여아와 남아의 뇌구조나 기타 생리학적인 차이 때문이라는 의견이 있다. 언어발달에 영향을 미치는 가정환경 변인은 사회·경제, 계층·형제의 지위 변인 및 부모와의 상호작용이 언어발달에 영향을 미친다고 한다. 그중 가장 중요한 변인이 부모와의 상호작용이다. 이 시기 아동은 어휘의 수가 점차로 증가하면서 문장이 구성되고, 문법이 발달함에 따라 성인의 언어와 유사해진다. 6세 정도가 되면 점차로 세련된 어휘와 문장을 구성하게 된다.

인간이 뜻을 전달하기 위해 발음 기관을 통하여 입 밖으로 표출하는 구체적이고 물리적인 소리를 음성이라고 한다. 6세 아동은 거의 모든 발음을 할 수 있게 된다. 언어의 의미는 사물에 대한 이해와 인지 수준에 영향을 받는다. 6세 아동의 경우 약 2,000~2,500 정도의 어휘를 사용한다. 언어가 발달하게 되면 언어적 구조에 대해 잘 알게 되는 것뿐만 아니라 의사소통 능력도 발달된다.

의사소통 능력은 서로 마주 대하는 상호작용에서 발생하

는 언어와 사회적, 인지적 행동에 기초를 이루는 것으로 6세 아동은 상대방의 말을 알아듣고 자신의 의사를 표현할 수 있고 그것은 점점 더 세련되어진다.

■ 언어발달에 영향을 미치는 가장 중요한 변인이 부모다. 부모는 아동과 이야기하고, 책을 읽어주고, 질문하고 설명해 줌으로써 아동과 끊임없는 대화를 나누는 상대이다. 따라서 부모와의 언어적 상호작용을 많이 하는 것이 바람직하다.

언어를 영역별로 분류하면 듣기, 말하기, 읽기, 쓰기로 나누어 볼 수 있는데 영역별로 6~7세 아동의 언어발달 지도는 읽기와 쓰기에 중점을 두는 것이 좋다. 읽기를 지도하기 위해서는 아동이 기억하는 것이 무엇이며 사물이나 느낌 등을 내용적으로 구분할 줄 아는지, 간단한 문제를 풀기 위해서 어떤 것을 생각할 줄 아는지도 알아야 한다. 비록 짧은 시간이더라도 정신을 집중해서 무엇을 할 수 있어야 하고, 지시를 받을 줄 알며, 간단한 이야기를 꾸며 낼 수 있어야 한다.

뿐만 아니라 물건의 모양을 서로 비교해서 같은 모양을 알고 다른 모양을 구별 할 수 있어야 한다. 이와 같이 읽기를 위하여 필요한 감각적 기능은 시각과 청각이며, 왼쪽에서 오른쪽으로 방향을 옮기면서 인쇄 글자를 추적할 수 있는 능력도 요구된다. 6~7세 아동은 이런 발달 단계에 있는 아동으로 읽기 지도를 할 수 있다. 단, 아동이 관심을 보이지 않을 때는 부모의 욕심을 버리고 기다리는 인내와 지혜가 필요하다.

쓰기 지도도 읽기 지도와 마찬가지로 글자를 쓰기 위해 필요한 기본 능력이 발달되어야 한다. 글자에 흥미가 있어야 하며, 연필을 잡아야 하니까 소근육이 발달되어야 한다. 또한, 눈과 손의 협응력이 이루어져 있어야 한다. 그러나 무엇보다 아동이 흥미를 가지고 있어야 하고 동기화되어 있는 것이 부모의 욕심보다 더 중요하다.

2) 정서발달

정서란 모든 사람이 가지고 있는 느낌이다. 정서 표현은 얼굴, 신체, 음성적 반응을 포함하는 복잡한 행동 패턴을 의미하는 것으로 정서 표현 방법은 그 문화에 속한 모든 구성원이 학습하는 표현 규칙이다.

정서는 긍정적 정서와 부정적 정서로 크게 나눈다.

부정적 정서로는 두려움, 분노, 질투, 슬픔, 혐오감 등이 있으며 긍정적 정서로는 애정, 사랑, 행복, 기쁨, 호기심 등이 있다. 6세 정도에는 정서 분화가 끝나는데 수치심, 불만, 공포, 혐오, 실망과 분노, 질투와 불쾌, 흥분, 희망, 기쁨, 의기양양, 서로에 대한 애정 등이다. 부정적 정서의 대표적 증상은 두려움이다. 6~7세 아동의 두려움은 악몽에 대한 것인데 상상하는 실제적인 일들을 생각이나 꿈으로부터 분리해 생각할 수 없기 때문이다.

7세 정도가 되면 꿈이라는 것이 어느 정도 조절할 수 있는 비현실적인 상상에 불과하다는 것을 인식하게 된다. 7세 아동은 신체적 위험이나 유쾌하지 못한 경험을 당할 수 있는 것을 예상하고 더 신경을 쓰게 된다. 전쟁, 도둑이나 강도에 대한 공포 반응을 보인다.

아동들은 여러 가지 방법으로 분노를 표현하는데 6세 아동은 신체적인 폭력 대신 감정을 상하게 하는 말을 사용하는 것을 배운다. 다른 사람들이 위협하거나 놀리거나 비웃는 것을 보면서 배우게 된다.

6~7세 아동에게 질투는 일반적인 감정이다. 사회적 경험이 풍부해지면 곧 사라진다. 개개인의 성격은 성, 기질, 유전, 환경에 의해서 영향을 받는다.

여아는 사랑스럽고 귀엽고 예쁘다. 남아는 거칠고 씩씩하고 건강하다는 고정관념을 가지고 있다.

■ 부모는 남아와 여아에 대한 정서적 고정관념을 강화하지 않는 것이 중요하다. 모든 아동이 자신의 흥미 수준에 맞는 대로 행동하게끔 하는 것이 포인트다.

3) 인지발달

인지는 지각, 기억과 개념으로 나누어 살펴볼 수 있겠다. 부모는 아동의 인지적 발달에 굉장한 관심을 보인다. 지각은 무의미했던 자극으로부터 정보를 탐색하고 이해하며, 해석하는 과정을 말하는데 외부의 어떤 현상을 보면 그 자극을 수용하는 감각기관(촉각, 미각, 시각, 후각, 청각)이 발달해야 하고 이러한 감각자극을 처리할 수 있는 대뇌의 발달이 이루어져야 높은 지적발달 특성을 나타내게 된다.

기억과정이란 일반적으로 필요한 정보를 얻기 위해 몸 전체로 떠오르는 형상을 만들어 부호화하고 파지, 저장하여 인출하는 과정이 있으며 아동기에는 이러한 과정들이 분화된다.

기억의 전략으로 암송과 조직화를 사용하는데 암송은 기억할 대상을 언어화하여 반복 암송할 때 기억이 촉진된다.

연령이 증가할수록 이것도 증가한다. 조직화는 제시된 기억 과제를 가지고 있는 속성들에 따라 의미있는 단위로 묶어 전략을 짜서 기억하는 것이다.

개념이란 사상이 갖고 있는 공통성을 정리, 추상화해서 하나의 범주로 묶는 것을 의미하는데 하나의 특정 사물이 아니라 사상들 간의 공통적으로 추출된 특징들을 대표한다.

아동기에는 시간, 형태 및 공간 등에 대한 지각이 발달함에 따라서 시간 개념, 수 개념, 공간 개념들이 확장한다.

6~7세 아동들의 수 개념은 두 줄의 점들이 동일한 간격으로 놓여 있을 때 아랫줄의 점들이 윗줄보다 더 많다고 생각한다.

6~7세 아동들의 길이에 대한 개념은 두 개의 막대기를 엇비슷하게 놓았을 때 위의 막대기가 더 길다고 생각한다.

6~7세 아동들의 면적에 대한 개념은 큰 사각형 4개와 작은 사각형이 있을 때 한 개의 큰 사각형과 작은 사각형을 흩어놓으면 사각형 속에 남아 있는 공간이 더 넓다고 인식한다.

일반적인 서열 개념은 7세 아동에게 나타난다. 아동은 호기심이 많고 모험을 즐기고, 바깥세상을 배우고 싶어 하는 시기이다.

■ 부모는 누구나 아동의 지적 능력에 대한 관심이 많으며, 학교생활에서 자신의 아동이 뛰어난 성적을 받아오길 기대한다. 부모가 아동을 양육할 때 인지적 학습만을 강요하는 것은 위험하다. 인지발달에 맞는 프로그램으로 아동이 흥미를 느끼는 것을 우선으로 시키는 것이 아동의 동기를 유발하고 아동의 자발성을 길러 주는데 중요한 역할을 한다.

4) 사회성발달

아동의 사회적 행동은 놀이를 중심으로 이루어진다. 놀이는 다른 사람의 내적 작용을 이해하고 적응해가는 능력인 사회인지와 서로 얽혀 있다. 놀이에서 아동은 다른 사람의 내적 작용을 알게 되고 이 내적 작용의 신호와 어떻게 관계를 맺는지를 배우게 된다. 아동의 감정 표현 및 이해 범위가 확대되고 인지가 발달함에 따라 놀이의 상상력도 풍부해진다.

6세 아동은 자신의 세계에서 가족의 비중이 점차 낮아지고 자기중심적이긴 하지만 또래와 관계를 맺고 싶어 한다. 모든 친구가 각기 개별적이라는 것을 알게 되며 인종, 가족, 문화, 능력, 좋아하는 것, 싫어하는 것이 다르다는 것도 알게 된다.

이 시기 아동은 협동놀이를 즐기며 다른 사람을 존경하는 것을 배운다. 다른 사람의 지시를 따르거나 리드하면서 서로의 생각과 장난감을 나누고 싶어 한다.

6~7세 아동은 분장하고 상상하며 이야기를 꾸미고 싶어 한다. 소꿉놀이 영역에서 엄마나 아빠 같은 가족의 역할을 가상할 때 두드러진다. 어떤 아이는 어린 동생을 못살게 구는 형이 되어 보기도 한다. 7세가 될 무렵이면 아동의 자아는 추상적이 된다. "나는 누군가?"라는 질문에 대해 시각적 특성과 심리적 특성을 포함한다.

■ 아동은 놀이를 통하여 사회성을 발달시킨다.

생활이 놀이이고 놀이가 교육이다. 6~7세 아동들이 보이는 병원놀이나 가족놀이 등을 통하여 사회성을 기르고 또래와의 활동 관계를 통하여 놀이가 활성화될 수 있도록 지지하고 관심을 가져주는 것이 중요하다.[14]

---

14) 조복희, 『상호관계의 이해』, 교육과학사, 1990. 강문희,『상호관계』교문사, 2004. 정옥분, 『상호관계의 이해』학지사, 2018. 강순구·조윤경·S.블루마, M. 시어러, A. 프롬, 그리고 J. 힐리어드(S. Bluma, M. Shearer, A. Frohmam, and J. Hilliard)『포테이지 상호관계 지침서』도서출판 특수교육, 2002.

4. 84년 동안 연구되고 있는 인생의 세 가지 행복

우리는 모두가 행복하게 살기를 원합니다. 행복의 사전적 풀이로는 생활에서 충분한 만족과 기쁨을 느끼는 상태를 말합니다.

많은 철학자, 심리학자, 사상가들이 행복은 무엇이고 어떻게 성취될 수 있는지 정의하려고 시도했습니다.

예를 들어, 아리스토텔레스는 행복이 인간 삶의 궁극적인 목표이며 그것은 미덕의 삶을 살고 자신의 잠재력을 충족시킴으로써 달성될 수 있다고 정의했습니다.

반면에 마틴 셀리그먼과 같은 현대 심리학자들은 행복이

감사, 긍정적인 생각, 사회적인 연결과 같은 실천을 통해 길러질 수 있다고 했습니다.

공자는 "도덕적인 삶에서 온다" 행복이 온다고 했습니다. 즉, 인간이 도덕적인 삶을 살아가며 윤리적인 가치를 실천하고 자기 계발을 추구할 때 행복을 느끼게 된다고 봤습니다. 궁극적으로 행복의 정의는 문화적, 개인적 관점에 따라 달라질 수 있습니다.

세계에서 가장 최장의 연구를 하고 있고, 앞으로도 계속 연구를 할 예정인 하버드 성인발달연구소의 책임자인 정신의학과 의사인 로버트 월딩거(Robert Waldinger) 교수는 최근 『좋은 삶』이란 책과 강연을 통해 다음과 같은 결과를 발표했습니다.

로버트 월딩거는 인생의 행복에 관해서 가장 오랫동안 연구한 하버드 성인발달연구소의 소장으로 이 연구는 1938년부터 시작하여 2023년 현재까지 이어지고 있습니다. 이제는 연구 대상이 모두 90세가 넘고 현재 60명이 생존에 있지만 앞으로는 그 가족과 자녀를 대상으로 2,000여 명을 꾸준히 조사할 예정이라고 합니다.

그 당시 하버드대학 2학년생인 268명의 집단과 1930년대 보스턴 빈민촌의 가난하고 문제 많은 가정에서 자란

456명을 대상으로 연구되기 시작했습니다

연구는 매년 2년마다 의학사, 심리학적 평가, 인터뷰, 가족생활, 직업, 그리고 개인적 가치와 같은 주제에 대한 설문 조사를 포함하여 참가자들에 대한 광범위한 데이터를 수집합니다. 수집된 데이터는 다양한 통계적 방법을 사용하여 분석되고 그 결과는 일생 전반에 걸쳐 건강과 행복한 삶을 증진시키는 요인을 포함하여 인간의 발달에 대한 이해에 사용되었습니다.

하버드 성인발달연구소의 조사방법은 인간의 발달을 연구하기 위한 엄격하고 포괄적인 접근 방법으로, 충실하고 성공적인 삶에 기여하는 요인들에 대한 중요한 통찰력을 만들어냈습니다.

월딩거는 이 연구의 핵심 통찰력 중 하나는 좋은 관계가 행복의 열쇠라는 것입니다. 가족, 친구, 그리고 공동체와 사회적으로 연결된 사람들이 덜 연결된 사람들보다 더 행복하고, 더 건강하며, 더 오래 산다는 것을 발견했다고 했습니다.

행복한 삶의 열쇠가 돈, 명성, 사회적 지위가 아니라 오히려 우리 관계의 질이라는 것을 발견한 것입니다. 월딩거는 또한, 가까운 사람과의 관계의 질이 관계의 양보다 더 중요하다는 것을 발견했습니다. 몇몇 가깝고 지지적인 관계를 갖는 것이 얕고 피상적인 관계를 많이 갖는 것보다 낫다고 했습니다.

월딩거는 그의 책『좋은 삶(The Good Life)』를 포함하여 행복과 행복에 대한 주제에 대해 광범위하게 글을 썼으며 "무엇이 삶을 살 가치가 있게 만드는가?"에서 관계는 질이 양보다 더 중요하며, 관계를 시작하는 것은 언제라도 결코 늦지 않다고 언급합니다.

전반적으로 월딩거의 메시지는 행복하고 성취감 있는 삶을 원한다면 우리 삶에서 강하고 의미 있는 관계를 배양하는 것이 중요하다는 것을 강조하고 있습니다.

■ 다음은 그가 말한 내용의 전문을 일부 옮겨 봅니다

무엇이 우리가 삶을 살아가면서 건강하고 행복하게 해주는가? 만약 당신이 미래의 자신에게 최고의 투자를 한다면 당신의 시간과 에너지를 어디에 투자할 것인가? 밀레니얼 세대를 대상으로 가장 중요한 삶의 목표가 무엇인지 묻는 최근의 설문 조사에서 80% 이상이 주요 삶의 목표는 부자가 되는 것이라고 말했습니다. 젊은이들의 다른 50%는 또 다른 주요 인생 목표는 유명해지는 것이라고 말했습니다.

우리는 끊임없이 일에 기대고, 더 열심히 추진하고, 더 많은 것을 성취하라는 말을 듣습니다. 이것들이 우리가 좋은 삶을 살기 위해 추구해야 하는 것들이라는 인상을 받습니다. 하지만 우리가 시간을 통해 펼쳐지는 그들의 모든 삶을 지켜볼 수 있다면 어떨까요? 만약 우리가 그들의 십 대부터 노년에 이르기까지 무엇이 사람을 행복하고 건강하게 하는지를 연구할 수 있다면 어떨까요?

저희가 했잖아요. 하버드 성인발달 연구는 지금까지 행해진 성인의 삶에 대한 가장 긴 연구일지도 모릅니다.

5. 행복한 사람들의 몇 가지 특징

1) 관계를 잘 유지하는 사람이 행복하다

— 끈끈한 관계: 월딩거의 연구는 강하고 건강한 관계가 행복의 열쇠라는 것을 일관되게 보여주었습니다. 친구, 가족, 파트너와 친밀하고 지지받는 관계를 맺고 있는 사람들은 고립된 사람들보다 더 행복한 경향이 있습니다.

— 감사: 행복한 사람들은 자신들의 삶에서 좋은 것에 감사하는 마음이 큽니다. 그들은 부족한 것보다는 가진 것에 집중합니다.

— 마음 챙김: 월딩거의 연구는 행복한 사람들은 순간마다

마음 챙김을 하고 현재를 중요하게 인식하는 경향이 있다
는 것을 보여주었습니다. 그들은 과거에 연연하지 않고,
미래에 대해 걱정하지도 않고, 현재의 순간에 집중하고 그
것을 즐깁니다.

— 목적의식: 행복한 사람들은 자신들의 삶에 목적의식과 의
미를 가지고 있습니다. 그들은 자신들의 가치가 무엇이고,
성취하고 싶은 것이 무엇인지 알고, 그 목표를 향해 나아
갑니다.

— 회복탄력성: 행복한 사람들은 회복력이 있고 역경에서 회
복하는 힘이 있습니다. 스트레스와 도전에 압도당하지 않
고 긍정적인 방법으로 대처할 수 있습니다.

— 자기관리: 행복한 사람들은 신체적, 정신적, 감정적으로
자신을 돌봅니다. 그들은 자신들의 건강과 행복을 우선시
하고, 자신들에게 즐거움과 성취감을 주는 활동을 위한
시간을 만듭니다.

— 관대함: 마지막으로, 행복한 사람들은 관대하고 베푸는
삶을 지향합니다. 그들은 다른 사람들을 돕고 자신들의
공동체에 기여하는 것에서 기쁨을 찾습니다.

전반적으로 월딩거의 연구는 행복이 물질적 소유나 외부적

인 상황에 관한 것이 아니라, 사람들의 관계의 질과 내적인 목적과 행복에 관한 것이라는 것을 보여줍니다.

(1) 어린 시절의 안정된 애착

어린 시절에 안정적인 애착을 가진 사람들은 성인이 되었을 때 더 건강하고 사회적으로 밀접하게 연결되어 있는 것으로 밝혀졌습니다.

전반적으로 월딩거의 연구는 우리 삶 전체에 걸쳐 행복을 증진시키기 위해서는 어린 시절에 긍정적인 관계를 맺는 것이 중요하다는 것을 강조합니다.

어린 시절 관계의 질이 성인기의 신체적, 정신적 건강에 상당한 영향을 미친다는 것을 보여줍니다. 구체적으로, 유년 기에 따뜻하고 지지받는 관계를 경험한 사람들은 성인기에 더 나은 신체적 건강, 더 강한 사회적 연결, 더 큰 정서적 행복을 가질 가능성이 더 높다고 합니다.

대조적으로 방치, 학대 또는 트라우마와 같은 부정적인 어린 시절을 경험한 사람들은 만성질환, 정신건강 문제, 사회적 고립을 포함한 부정적 결과를 경험할 가능성이 더 높다고 합니다.

월딩거의 연구는 가정과 더 넓은 공동체 모두에서 아이

들을 지원하는 환경에 투자하는 것의 중요성을 강조합니다. 긍정적인 어린 시절의 경험을 우선시함으로써, 그들의 삶 전체에 걸쳐 개인의 더 나은 건강과 행복을 증진시키는 것을 도울 수 있습니다.

(2) 외로운 사람들의 특징

로버트 월딩거는 외로운 사람들에게서 흔히 볼 수 있는 몇 가지 특징들을 확인했습니다.

그중 일부는 다음과 같습니다.

— 친밀한 관계의 결여

외로운 사람들은 친밀한 관계를 거의 갖지 않는 경향이 있습니다. 지인이나 사회적인 접촉을 가지고 있을지는 모르지만, 그들이 의지하거나 속마음을 털어놓을 수 있다고 느끼는 사람은 거의 없습니다.

— 사회적 고립

외로운 사람들은 종종 다른 사람들과 단절되어 있다고 느끼고, 많은 시간을 혼자 보내는 경향이 있습니다. 그들은 다른 사람들 곁에 있고 싶어도 사회적인 상황을 피하거나 사회적인 상황에서 불편함을 느낄 수 있습니다.

— 부족한 사회적 기술

외로운 몇몇 사람들은 관계를 시작하거나 유지할 사회적 기술이 부족하기 때문에 관계를 형성하기 위해 고군분투할 수 있습니다. 예를 들어, 대화를 시작하거나, 사회적 신호를 읽거나, 다른 사람들에게 적절하게 반응하는데 어려움을 겪을 수 있습니다.

— 부정적인 자기 인식

외로운 사람들은 자신들이 다른 사람들에게 호감이 없거나 매력적이지 않다고 느낄 수 있습니다. 그들은 자신들 어울리지 않는다고 느낄 수 있고, 자신들이 다른 사람들과 어떻게든 다르다고 느낄 수도 있습니다.

— 정신건강 문제

외로움을 느끼는 일부 사람들은 우울증이나 불안과 같은 정신건강 문제로 어려움을 겪을 수도 있습니다. 이러한 조건들은 관계를 형성하고 유지하는 것을 더 어렵게 만들 수 있고, 외로움의 감정을 더 악화시킬 수 있습니다.

외로운 사람들 모두 이러한 특징들을 보여주지는 않을 것이고, 어떤 사람은 통제할 수 없는 이유들(예를 들어, 큰 사고를 당한 경우, 사회적 기회가 거의 없는 산골 지역에서

사는 것)로 외로움을 경험할 수도 있다는 것에 주목해야
합니다. 하지만 이러한 요소들을 이해하는 것은 외로움을
느끼는 사람들을 지원하고 그들에게 필요한 연결고리를
형성하는데 도움을 줄 수 있고, 그 방법을 찾는 것에도 도
움이 될 수 있습니다.

2) 양적인 관계가 아니라 얼마나 질 좋은 관계를 맺고 있는지가 중요하다

"50세에 사람들과 좋은 관계를 맺고 있는 사람이 80세에 가
장 건강했습니다. 친밀하고 좋은 관계가 노화를 막는 완충제
역할을 한 것 같습니다."

　사회적으로 공적인 관계는 사람들과 연결되어 있지만 그
렇다고 이것이 편한 관계는 아니라는 것입니다. 또한, 많은
사람을 알고 지낸다고 해서 관계의 질이 좋은 것은 아니라는
것입니다. 얼마나 안정적으로 서로 의지할 수 있고 마음을
함께 나눌 수 있는가의 관계가 중요합니다.

　결혼생활, 가족, 친구 등과 갈등이 심한 관계는 힘들게 유
지하기보다는 관계를 수정해 나가는 것이 필요합니다. 만남
을 중단하는 것도 한 방법이며 결혼생활이라도 각자의 삶을

살아가는 것도 바람직합니다.

3) 좋은 관계는 육체뿐 아니라 두뇌도 보호한다

"어려울 때 다른 사람에게 의지할 수 있다고 느끼는 관계를 맺고 있는 사람의 기억력은 오랫동안 잘 유지됩니다. 성인으로서 첫걸음을 시작한 세대는 잘 살기 위해서 명성과 부, 뛰어난 성취를 이뤄야 한다고 믿으며 살아왔습니다. 하지만 84년에 걸친 연구는 가족, 친구, 공동체와의 관계를 중시했을 때 가장 잘 살았다고 말해줍니다. 좋은 삶은 좋은 관계로 구축됩니다"

월딩거는 건강하고 행복한 사람은 은퇴 후에도 활발하게 활동을 하며 전 직장 동료들과 함께 어울리며 이웃과 사회단체에서 적극적으로 활동하며 즐겁게 생활하는 것이라고 했습니다. 고립되어 신앙생활을 열심히 하고 믿음이 깊다고 행복한 것이 아니며, 무엇이든 열심히 배우고 사람들과 자주 어울리는 것이 행복이라고 했습니다.

5부

부모-그 뭉클한 헌신과 사랑에 대하여

1. 부모가 된다는 것

부모(parent)의 어원은 라틴어인 파랜스(parens)입니다. 이는 '출산하다(give birth)'라는 의미를 갖고 있습니다.

즉, "부모란 자녀를 출산함으로써 얻게 되는 지위이며, 전 생애에 걸쳐서 양육과 보호 및 교육을 통해 아동의 모든 영역에서 발달을 증진시키는 사람으로 정의됩니다.

현대 사회에서 부모의 역할이 중요시되고 자녀의 돌봄과 교육의 질은 보다 높아지고 있습니다. 그러나 자녀를 양육하고 있는지 아니면 내 욕심을 채우기 위해 사육하고 있는지 한 번쯤은 돌아볼 필요가 있습니다.

여성한국사회연구회 편 『가족과 한국사회』에서 부모 역

할을 네 가지 측면에서 구분하였습니다.

첫째, 부모 역할은 자녀를 양육하는 과정이다.

부모는 자녀의 신체, 인지, 정서, 사회성 등 자녀가 전인적으로 성장할 수 있도록 보살피는 역할을 한다. 부모는 자녀의 신체를 보호하고 의식주의 욕구 및 심리 사회적 욕구를 충족시키며 자녀의 발달을 촉진할 수 있는 학습 경험을 제공하며 적절한 자아 개념을 가진 사회인이 되도록 교육해야 한다.

둘째, 부모 역할은 사회·문화적 영향을 받으며 형성된다.

비그너(Bigner)는 "부모 역할은 출산과 어린 자녀를 보살피는 욕구에 초점이 맞춰진 가치, 신념, 규범 및 행동에 기초한 사회적 제도로서 문화적인 보편성을 지닌다"라고 설명하였다.

셋째, 부모 역할은 사회화 과정이다.

사회화란 "개인으로 하여금 사회생활에 참여하는데 필요한 사고, 지식, 기술, 감정 및 행위 방식을 발달할 수 있도록 해주는 지속적인 사회적 상호작용 과정"이다.

넷째, 부모 역할은 부모와 자녀가 함께 성장하는 상호적인 과정이다. 자녀가 성장함에 따라 각 발달 단계에 맞는 부모의 과업은 달라지며, 이에 따라 부모의 자녀 양육 기술 및 태도가 변화되며, 자녀와 세상을 이해하는 부모 자신의 성숙

도도 점차 커진다.

그러나 부모 역할의 가변성은 부모의 성장 환경에 따라 신념과 성격, 양육 방식이 다르며 자녀관은 사회 문화적 가치 등의 복합적인 신념에 따라 다릅니다. 그러함에도 부모는 양적 및 질적으로 의미 있고 풍부한 환경을 제공해 주어야 하는 역할을 해야 합니다.

영아기 자녀를 둔 부모의 경우, 영아의 신체와 건강을 돌보는 역할을 주로 해야 하며, 유아가 성장함에 따라 부모의 역할도 변화 및 확대되어야 합니다. 유아기 유아들은 주변의 환경을 적극적으로 탐색하고 다양한 어휘를 습득하여 타인과 의사소통이 활발해지면서 급속히 발달하는 시기로 부모는 양적 및 질적으로 의미 있고 풍부한 환경을 제공해 주어야 하는 역할을 해야 합니다.

2. 모성 '어머니' 그 숭고한 사랑

모성은 '여성이 어머니로서 가지는 의지, 감정, 이성, 혹은 본능이나 성질 또는 어머니로서 자식을 낳아 기르는 기능'을 뜻합니다. "여자는 약하지만 어머니는 강하다"[15]라는 말 속에는 모성은 여성이 가진 위대한 힘이라는 믿음이 깔려 있습니다. 이와 관련한 우리나라 속담에는 "흉년에 어머니는 굶어 죽고 아이는 배 터져 죽는다, 자식은 내 자식이 더 커 보이고 벼는 남의 벼가 더 커 보인다, 고슴도치도 제 새끼는 함함하다"가 있습니다.

다른 예로 데미테르 여신을 들 수 있습니다. 대지의 여신

---

15) 최승이, 『홀로 자녀를 키우는 어머니의 모성에 대한 내러티브 탐구』, 2015.

데메테르(Demeter)의 어원은 '메테르(어머니)'[16]입니다. 땅과 농작물을 주관하는 여신인 데메테르는 기르고 양육하고 보호하고 제공하는 땅, 대지로서의 전형적인 모성의 상징입니다.

그녀는 하데스라는 지하 세계의 왕에게 납치된 자녀를 찾기 위해 죽음을 불사하고 지하 세계로 기꺼이 내려가 되찾아 옵니다. 이렇게 모성은 죽음조차도 불사하게 만드는 강력한 여성의 힘입니다. 칼 융은 원형이라는 개념을 통해 생득적이고 근원적인 모성으로서의 '태모(Great Mother)'의 개념으로 어머니는 위대하고 막강하다고 하였습니다.

어머니 역할은 생물학적 결과가 아닌 인간 사회에서 부모가 된다는 중요한 사회적 행동이며, 사회제도의 신념과 규범이 내면화되어 나타나는 행위라 할 수 있습니다. 모성은 어머니의 역할 수행을 위한 의식과 행동의 결정입니다. 여성의 위치는 가정이고, 가정에서 여성의 임무는 가족 구성원을 돌보고 이들에게 정서적 안녕을 제공하는 것이라고 일부 학자들은 정의합니다.

어머니의 자녀에 대한 관심은 최소 3~5년 정도까지 지속적으로 필요하고, 우리 사회의 중요한 가치이며 보상이 있

---

16) 최원오, 『'여자의 기원'에 대한 신화적 의미 검토』, 2019.

다고 하였습니다. 이처럼 모성의 사회 문화적 가치는 자녀를 위해 필요한 존재로 어머니를 인식하였고, 자녀를 돌보는 일을 가장 먼저 해야 하는 역할로 보았습니다.

■ 다음은 실제 사례입니다

1) 9년을 함께한 나무 어머니

나무네 가족은 저와 만 9년을 함께하고 건강한 모습으로 마무리를 했습니다. 처음 만남은 나무가 초등학교에 입학한 3월이었습니다, 고등학교 입학을 앞둔 현시점에서 건강한 청소년으로 성장한 나무에게 더 이상 제 역할은 할 게 없습니다.

　나무는 뇌동맥의 문제로 유아기 때 뇌수술을 두 번이나 받은 아동이었습니다. 방심하면 언제 어떻게 될지 모르는 매사 조심해야 하는 아이였습니다. 활동이나 학습도 조심스러웠고 부모는 건강하게 돌보는 것이 우선이었습니다. 이런 연유로 다양한 경험을 할 수 없는 상황이라 발달이 지연되었습니다. 그러함에도 나무는 온순하고 성실한 아동이었습니다. 가족 사랑을 듬뿍 받고 자라 심리적으로 안정적이었고 열심히 하고자 하는 마음을 가진 아동이었습니다.

나무네 가족은 나무를 최대한 보호하며 9년을 한결같이 매주 2~3번씩 방문하여 발달놀이치료와 언어치료를 꾸준히 도움받으며 학교생활에 적응했습니다. 학년이 올라갈수록 학습도 열심히 해 시험성적으로는 선두를 달렸습니다. 그러나 신체 활동을 균형감 있게 활발히 해야 하는 과정에서 나무는 다소 어려움을 겪는 상황이었습니다. 이때 체계적인 신체 기능을 향상시키는 특수 운동을 받게 했습니다.

나무와 나무 엄마는 9년을 함께하는 동안 한 주도 빠지지 않고 성실과 믿음으로 함께 해주었습니다. 부모가 자식을 사랑하는 것은 당연한 것이라고 말을 합니다. 그러나 매주 매시간 정확한 시간에 맞춰 자녀와 함께 9년을 함께 한다는 것은 쉽지 않은 일입니다. 나무 엄마는 한결 같은 모습으로 자녀를 지지하며 안정감 있게 대해 주셨습니다.

부모가 자녀를 사랑한다는 것은 있는 그대로를 믿어주고 기다려준다는 모습을 몸소 보여준 나무 엄마의 모습에서 감동의 사랑법을 다시 배웠습니다.

한 사례를 들었지만 이와 같은 이유로 현재도 수많은 엄마들은 자녀를 위해 온 힘을 다해 노력하고 있습니다. 장애 자녀와 20년을 한 몸처럼 움직이며 돌보는 엄마, 경제적 이유로 직장까지 다니며 멀리서 지하철을 타고 15년을 넘게 오는 엄마, 아픈 자녀 돌보느라 19년이 지나도록 집을 한 번도 떠나 보지 못했다는 엄마, 헤아릴 수 없는 많은 부모 역할의 어려움에 가끔은 막막한 감정에 숙연해지기도 합니다.

2) 세상에서 가장 아름답고 사랑스러운 단어 '어머니', '엄마'

2011년 영국 워릭대학은 192개국에서 온 8만 명 이상의 사람들을 대상으로 영어로 된 가장 아름다운 단어에 대해 조사했습니다. 참가자들이 뽑은 가장 아름다운 단어는 '어머니'였습니다.

그 이전 2004년 영국문화협회가 창설 70주년 기념행사로 102개 비영어권 국가에서 4만여 명에게 70개 단어를 제시하고 가장 좋아하는 단어를 고르도록 한 결과 가장 아름다운 영어 단어도 '어머니(mother)'인 것으로 확인되었습니다. '어머니', '엄마'라는 이름은 영원한 그리움이고 사랑인가 봅니다.

3. 아버지들의 깊은 사랑과 헌신

1) 아버지가 된다는 것

모든 사회에서 아버지가 된다는 것은 완전한 성인으로 성장하였다는 징표로 여깁니다. 남성은 아버지가 됨에 따라 감정은 물론 삶의 질에서도 무수한 변화를 겪습니다.

아버지에게 자녀란 아버지 개인의 새로운 삶을 시작하게 해주는 계기가 되며 자신의 삶에 대해 책임을 보다 강하게 하고 삶의 영속성을 느끼게 해 주는 존재입니다. 모든 아버지는 자녀가 잘되기를 바라는 마음을 가지고 있습니다.

성 역할 갈등 연구에서 보면 남성들의 근본적인 욕구는

세대를 막론하고 타인과의 경쟁에서 살아남는 것입니다. 전통적 남성성 기준을 따르도록 사회화된 남성들은 성공하지 못한다는 것에 대한 두려움이 있으며 아버지들은 자식을 통한 성공의 성취감으로 가문의 대를 이어주고 싶은 마음을 가지고 있습니다. 이는 가문의 유산적인 혈통을 생각하며 자녀가 훌륭한 모습으로 집안의 대를 이어나가기를 바라는 마음입니다.

이렇듯 남성은 한 가정의 가장이 되면 자녀를 통해 힘을 얻고 자녀를 위해 보다 헌신적인 경제 제공자가 되기 위해 노력합니다. 물론 오늘날에는 가문을 중요시하는 유교적인 분위기가 현저히 약화되었으나 보다 나은 미래를 위해 자녀에게 더 많은 투자를 하는 것으로 바뀌었습니다.

칼 융은 집단 무의식에서 남성의 가장 중요한 가치는 고향을 지키고 가족을 부양하는 것이며 남성은 자신의 욕구가 충족되지 못하면 분노하고 무엇인가를 상실하면 슬퍼한다고 했습니다. 또한, 남성에게 무능력과 질병 및 성적 매력의 저하는 죽음보다 더 무서운 것이라고 하였습니다. 남성들은 원초적으로 성공, 권력, 경쟁을 추구하는 역할 갈등이 높고, 자녀가 사회적으로 인정받는 성장이, 남성인 아버지들에게 상당한 욕망 충족이자 자부심이기 때문입니다.

한편, 사회에서 아버지들에게 요구하는 남성의 세계는 여전히 가족 중심보다는 공적 중심에 치우친 양상을 드러내고 있습니다. 대다수의 남성들에게 아버지의 기본적인 역할은 여전히 생계 부양자로 이해되고, 실제로 많은 시간을 일터에서 보내고 있습니다.[17]

직장에서는 과도한 업무 스트레스와 역할 갈등에 대한 고민, 실업과 실패에 대한 두려움을 가지고 있습니다. 가정 안에서는 역할 과부하, 부모 역할의 무능력을 안고 이런 모든 것을 감수하며 아버지가 가족 중심의 일상으로 완전히 변화한다는 것은 쉽지 않습니다.

2) 아버지가 자녀에게 미치는 영향

아버지는 자녀의 생존에 어머니처럼 직접적인 영향을 주지는 않지만 성장 과정에서 상당한 영향력을 가집니다. 이에 아버지의 부재는 자녀에게 학업 중단, 약물 중독, 일탈, 신체적-정신적 문제, 부부 생활 파탄, 이혼 등의 부정적인 영향을 미치기도 합니다.

---

17) 권혜진, 김지현, 「자폐스펙트럼 자녀 장애 기르며 성장하는 아버지의 경험」, 학습자중심교과교육학회, 2023.

자녀를 양육할 때 아버지가 자녀에게 미치는 영향력은 어머니의 영향력과는 다르며 이를 '아버지 효과(father effect)'라고 지칭합니다. 아버지 효과가 나타나는 영역은 어린 자녀에게는 탐색적이고 재미있는 놀이, 즉, 신체적인 놀이이며, 이를 통해 유아는 자아존중감 및 자기 유능감과 함께 사회적인 능력과 정서적인 능력을 높일 수 있다고 보고하고 있습니다.

　　어린 자녀를 둔 아버지는 종종 남성의 감정 표현의 사회화에 책임이 있습니다. 예를 들어, 분노는 부정적인 놀림과 공격적인 말장난이 그렇듯이 여자아이보다 남자아이에게 더 자주 표현됩니다. 정서 표현이 활발한 아이는 아버지의 양육, 격려, 따뜻함과 관련이 있는 것으로 밝혀졌으며, 양육의 부성적 특성은 남자아이의 남성성과 여자아이의 여성성과 상관관계가 있는 것으로 밝혀졌습니다. 또한 대학 보고[18]에서는 아버지가 온건하거나 부성이 높은 양육 환경에서 자란 자녀는 인성 성숙도 조사에서 비교적 높은 점수를 받았습니다. 온화한 아버지 역할 모델은 친밀한 관계에서 남성의 편안함과 성역할 정체성에도 영향을 미친다는 연구 결과는 꾸준하게 보고되고 있습니다.

---

18)　시카고대학, 1994년 11월 '성별에 따른 리더십' 국제포럼.

아버지들이 추구하는 바람직한 아버지와 한국 사회의 현실 가족 구조의 변화 속에서 유아기를 둔 아버지로 살아가는 것이 무엇을 의미하는지에 대해 재조명한 연구 결과를 발표한 적이 있습니다.[19]

첫째, 지지하는 아버지이자 지원하는 아버지

둘째, 친구 같은 아버지이자 훈육적인 아버지

셋째, 모범적인 아버지이자 존경받는 아버지

넷째, 능력 있는 아버지이자 가정적인 아버지입니다.

이는 아버지들이 추구하는 이상적인 아버지와 현실 속에서 아버지로서의 자아상은 분리와 통합의 관계를 동시에 형성하고 있음을 시사합니다. 이러한 현상에 의해 현대 사회의 유아기 자녀를 둔 아버지들은 자신들이 추구하는 바람직한 아버지 상과 실제 삶 속에서의 아버지로서의 자신의 모습에서 갈등을 경험하고 있었으며 이상적인 아버지 상과의 통합을 꿈꾸며 분리와 통합의 감정을 동시에 경험하였습니다.

3) 좋은 아버지란

일본의 고레에다 히로카즈 감독의 〈그렇게 아버지가 된다〉

---

19) 나성은, 「부성실천을 통해 본 돌보는 남성성의 가능성」, 한국문화연구, 2015.

는 좋은 아버지에 관한 해답을 제시하고 있습니다. 아버지는 직장에서 성공했지만 가족들에게 좋은 아버지로 인정받지 못합니다. 그는 남녀 분업이 확고한 핵가족의 가장으로서 전업주부인 아내에게 양육을 전가해 왔습니다.

그는 아버지 역할은 사립유치원에 입학할 때 부모 면접을 보는 것, 발표회에 참석하는 것으로 충분하다고 생각했습니다. 하지만 병원에서 친자가 바뀌었다는 사실을 알게 된 이후 자신이 좋은 아버지가 아니라는 사실을 깨닫게 됩니다. 그는 자녀와 노는 법에 미숙하고 자녀가 무엇을 원하는지 파악하지 못합니다. 결국 이 영화에서는 좋은 아버지란 정자 제공자, 생계 부양자가 아니라 자녀와 시간을 함께 보내면서 교감하고 자녀의 삶에 참여하는 사람이라고 강조합니다.

그동안 아버지들은 경쟁이 치열한 노동 시장에서 살아남기 위해 자신의 성공을 가족의 안녕으로 해석했고 양육에 대해 무관심했습니다. 최근 육아예능 프로그램을 통해 방송에서 보여주는 아버지들은 양육에 참여하지만 자녀와 교감하는 것이 서툴러서 고생을 합니다. 하지만 아버지들은 성공이나 일만큼 자녀의 보살핌에 대한 가치를 인식하는 변화를 보여주기 시작했습니다.

최근 몇 년간 우리나라 아버지들이 육아와 가사에 더 많이 관여하는 추세가 증가하고 있다는 연구 결과가 꾸준히 나오고 있습니다. 이는 일과 삶의 균형, 가족 친화적인 변화를 보이고 있는 젊은 아버지들의 욕구와 성 역할의 변화 때문으로 보입니다.

한국보육교육연구원이 2020년 실시한 설문 조사에 따르면 우리나라 아빠의 80% 이상이 자녀와 더 많은 시간을 보내고 싶다고 답했습니다. 육아 휴직, 육아 프로그램 참여 등 자녀의 삶에 좀 더 관여하고 싶은 젊은 아빠들의 경향도 커지고 있는 것으로 나타났습니다. 그러나 사회적 규범과 직장 문화는 여전히 아버지들이 일과 가정의 책임을 균형 있게 하는 것을 어렵게 만들고 있습니다.

그럼에도 불구하고 학회지, 박사학위 논문을 쓰면서 만난 아버지들의 진솔한 이야기는 마음을 울리는 깊은 감동으로 다가와 일부분을 소개하려고 합니다.

16명을 만났지만 이것을 일반 대중적인 결과라고 규정하지는 못합니다. 연구의 한계점이기도 합니다. 그러나 똑같은 현상을 경험한 한 사람의 이야기는 같은 경험을 가진 사람들의 이야기이며 길잡이 역할을 한다고 생각합니다.

(1) 아버지, 자녀의 자폐스펙트럼장애(ASD)와 마주침

"발달장애(지적, 자폐스펙트럼)에 대한 이해가 없어 완치 가능한 것으로 착각했습니다. 겉으로 보기에는 멀쩡하고 보통 아이들보다 뛰어난 것도 있고 잘생긴 데다 학습도 잘하고 괜찮아질 줄 알았습니다……그런데!"

"초등학교 입학 전까지는 무슨 일이 있어도 정상적인 상태로 만들어 학교에 보내려고 경제적으로나 시간상으로 투자를 정말 많이 했습니다. 인지 중재 치료를 열심히 받으면 ASD 장애 딱지를 떼고 정상 아동으로 돌아올 줄 알았습니다. 한때는 그런 희망이 보이기도 했고요."

"처음에는 천재인 줄 알았어요…… 어느 날 동서남북 방향을 다 알고 이런 게 집착이고 강박인데…… 그걸 모르고 천재라고 생각해서 한글 빨리 가르쳐주자 해서 떼고…… 그러면서 공부 잘 시켜서 반에서 1등하고 좋은 대학가고 이런 기대를 하다가…… 무조건 자기는 세 번째에서 해야 한다든가 그네는 무조건 빨간색을 타야 하고 버스도 파란색 버스는 타는데 초록색은 안 탄다는 그런 게 심했는데, 지금은 소거되었어요."

아버지들은 의사로부터 자녀가 자폐스펙트럼장애를 가졌다는 말을 처음 들을 때 귓가에서 말은 울리는데 소리는 잘 안 들리고 '이게 뭐지'…… 그리고 모든 생각이 멈추는 듯한 명한 상태가 된다고 했습니다. 심장이 빠르게 뛰고 가슴과 손발이 떨려오며 목이 꽉 졸리는 느낌이 든다고도 하였습니다. 그러면서 '왜 나한테 이런 일이 생길까' 하는 생각에 화가 나고 '전생에 무슨 죄를 지었길래 이런 일이 생길까' 하며 고통과 고립감을 경험한다고 했습니다.

이처럼 자녀가 장애라는 사실을 처음으로 알게 되면, 보통 죽음을 앞둔 시한부 같은 심리적 충격과 순간 망치로 머리를 세게 얻어맞은 것 같은 경험을 하며 그때의 충격이 잊히지 않는다고 했습니다. 자녀의 장애 진단 후 종종 가슴이 아프고 불안하고 분노가 끓어오르기도 하며 일상이 무력감으로 가득 차거나 혼란과 충격으로 삶이 불공평하다고 느낀다고 했습니다.

가장인 아버지는 막중한 경제적 책임감으로 비싼 의료비와 인지 중재 치료비를 언제까지 감당해야 하는지 불확실한 상황에서 긴장감과 고립감을 토로합니다. 이렇듯 막중한 부담감에 "아버지라서 견딘다", "아버지라서 울지 않는다"라는 말을 합니다. 즉, 가정에 장애 아동이 태어나면 아버지들은 감정적으로 분노하고 절망을 느낍니다. 이렇게 심리적 고통을 회피하기 위해 아버지들은 일에 몰두하며 오히려 직장으로 도망가는 것을 자주 본다고 하였습니다.

"졸업 후 아무것도 할 수 없는 아이를 내가 언제까지 책임져야 하는 생각과 경제적 비용도 많이 발생할 텐데…… 이 아이를 어떻게 해야 하나…… 그런데 방법이 별로 없어요…… 이런저런 많은 생각에 굉장한 우울감과 두려움이 다가오기도 하지요."

아버지들은 단 한 번도 생각하지 못했던 자녀의 자폐스펙트럼 진단을 듣게 되는 순간 자녀에 대한 안타까움이나 걱정보다는 가슴을 누르는 듯한 충격과 죽고 싶을 만큼의 답답함이 밀려온다고 했습니다. 모두에게 환영받는 아동을 기대했지만 바꿀 수 없고 부정할 수 없는 현실을 수용하기는 쉽지 않습니다. 이를 극복하려는 마음보다 슬픔에 압도되어 현실로부터 멀리 숨어 버리거나 떠나고 싶은 우울감을 호소하기도 합니다.

중국 격언에 "자신의 발등에 돌이 떨어졌는데 어찌 별을 보며 유유히 걸어갈 수 있겠는가"라는 말처럼 부모의 심리적 압박감은 견디기 어려운 상황임을 나타냅니다. 미래를 생각하면 자폐성 장애 자녀는 평생을 깃 없는 어린 새처럼 보호하며 곁에서 도와주지 않으면 안 된다는 것을 알기에 많은 고민과 갈등이 있다고 했습니다.

"초기에는 늦된 아동으로 생각하고 말만 못할 뿐이지 신체 발달도 좋고 그래서 일시적 병으로 생각을 했지요…… 고칠 수 있는 것인 줄 알았다가…….."

"자녀의 자폐스펙트럼장애는 겪어보지 않으면 절대 알 수 없는 부분이 있다고 생각해요. 죽고 싶을 만큼 우울한 순간도 있었죠."

(2) 부정하고 싶은 진단 현실
아버지들은 수많은 생각과 무엇이 잘못되었을까 하며 지난 시간을 반추해보기도 합니다. 혹시 양육하는 과정에서 무엇을 잘못한 것이 있나 하는 마음으로 죄책감이 밀려오기도 한다고 했습니다. 누구에게도 말을 못 하고 진전되지 않는 모습을 보고 결국 장애라는 진단을 받았을 때는 그 상실감을 받아들이는 것이 쉽지 않았다고 하였습니다.

거부하고 부정하고 싶은 부모의 마음은 어디에선가 정상이라는 진단을 받고 싶어 하는 희망으로 연결되게 됩니다. 유명하다는 의사를 찾아다니며 재확인을 하고 집안의 내력을 내세워 부인하는 시간을 보내기도 합니다. 그렇지만 낭패감과 허탈감에 있기보다는 결국에는 아이의 상황을 수용하게 되는 것을 볼 수 있습니다. 하지만 일부에서는 감정적으로 받아들이는 것은 쉽지 않다고 했습니다.

"내가 장애를 받아들이기까지 정말 어려웠어요…… 생각도 못했고 유명하고 좋은 데는 다 갔는데…… 애가 좀 이상하다, 뇌가 이상하다 해서 계속 이 병원 저 병원 돌아다녔죠. 그러다가 늦게까지 말을 못하니까 그때서야 인정하게 되더라구요. 그 전까지는 말이 좀 늦나 보다 그렇게 생각했고 아무런 문제가 없는 줄 알았죠. 신체도 건강하고 ……."

"기적이 있을 것이라는 생각을 하고…… 그래도 정상으로 키우고 싶다는 것이 포기가 안되더라구요. 결국 4학년 때 진단을 받았지만 마음은 거부하고 싶었어요."

(3) 세상에 대한 원망

자녀가 장애라는 사실은 경쟁사회에서 영원한 패배자로 살아야 하는 상실감을 동반합니다. 무력감은 내면의 분노를 일으키고 우울감에 빠지게 합니다. 자녀가 아들인 경우 더 고민하고 고통스러워하였습니다.

"처음에는 수많은 아이 중에 왜 하필 내 아이만…… 외동인데다 왜 저에게만 이렇게 큰 시련에 괴로움…… 혼자만의 고민이 컸습니다."

"장애는 생각지도 못했고 준비도 되지 않았던 새로운 삶을 살아야 하고 아빠로서 어떻게 하지, 하는 마음이었어요. 당황스럽고 불안하고 심장이 뛰고 앞으로 이 아이가 어떻게 살아갈까? 많은 염려와 복잡한 마음이었어요."

"사회생활에 미친 것처럼 토요일, 일요일도 회사에 나가 일만 했어요."

"친한 친구들과 연락도 다 끊었어요…… 그냥 모든 것이 싫어지고…… 가끔은 답답함으로 터질 것 같은 고통이 오기

도 해요. 아이 하는 행동이 이해가 안 되고…… 기분이 다운

될 때는 방안에서 혼자 멍하니 있을 때가 많아요."

(4) 든든한 아내의 힘

아버지들은 공통적으로 아내에 대한 고마움과 아내의 지혜

로움에 대한 칭찬을 하였습니다. 가장 힘을 얻은 것도 아내

의 말과 행동이라고 표현하며 아버지로서 무력감과 막막함

을 토로할 때 오히려 아내는 긍정적인 말과 행동으로 남편을

일으켜 세웠다고 했습니다. 아내가 있어 어려움을 헤쳐 나갈

수 있었고 지금은 서로 의지하고 많은 대화를 통해 아이 돌

봄에 적극적으로 참여하고 있다고 했습니다.

"최고의 조력자인 아내의 긍정적 생각의 영향으로 완벽

하지 못해도 평범하게 살아가는 건 가능할 것이라는 생각이

들었고 이때부터 나 자신의 생활 패턴이 바뀌었어요."

"아내가 다행히 씩씩해요. 아내의 안정된 마음에 나도 다

소 진정되고 그때부터 아이와 늘 함께하고 있지요."

"아내는 이것이 우리 운명인가 보다 하고 쉽게 받아들이

고…… 어떤 약속이 있으면 우리 아이가 ASD 장애라서 시간을 못 낸다…… 이렇게 떳떳하게 얘기하더라구요. 저는 그런 얘기를 못하거든요…… 아내를 통해서 많이 배워요. 내 자녀에 대해 솔직하게 남에게 표현하고 행동하고 받아들이면서 주위 사람들과 잘 지내는 것을 보면서……."

"아내와 이야기를 나누면서 위안을 삼아요…… 결국은 가족만 남는 것 같은……."

(5) 감정과 이성 사이

아버지들은 자녀의 이상 발달과 진단의 혼란을 겪으며 현실을 직시합니다. 아동을 위해 할 수 있는 것을 찾아 능동적 아버지의 역할을 시작합니다. 병원이나 전문가들이 시키는 건 모두 열심히 찾아서 적극적으로 대처합니다. 처음에는 당황하고 막막했던 마음에서 주어진 운명으로 생각하며 차분하게 대응해 나가기도 하고 누구나 장애는 있을 수 있다고 담담하게 생각하기도 했습니다.

"장애는 누구한테나 있을 수 있는 일이라고 생각했고…… 그때부터 병원에서 시키는 모든 것은 다 하려고 했어요."

"가슴 아픈데 이미 벌어진 일이고 되돌릴 수 없으니까 현 상황에 최선을 다해야겠죠. 그냥 우리 아이가 무조건 예뻐요."

　"저는 이성적으로 장애라는 사실을 받아들이기까지 시간이 많이 걸렸어요."

니체는 삶에 대한 사랑을 "運命愛"(Love of fate)라고 불렀습니다. 운명을 사랑한다는 것은 운명을 거부하는 것이 아니고 그것에 순종하는 것도 아닙니다. 운명을 사랑한다는 것은 운명을 아름답게 이끌어 가는 것입니다.

　니체는 삶이란 있는 그대로를 사랑하는 것이라고 했습니다. 외부의 힘에 의존하지 말고 인간 스스로의 힘으로 불합리한 삶을 극복해야 한다고 하였습니다. 필연적 사실을 수용하고 복종한다는 것은 포기나 굴복이 아니라 오히려 참된 자유를 위해 인간에게 다가오는 운명을 감수하는 것으로 이것을 오히려 긍정하고 자신의 것으로 받아들여 사랑하는 것이 인간 본래의 창조성을 키울 수 있다는 의미라고 했습니다.

　엄마라면 자녀를 돌봐야 하고 아버지라면 가족을 책임져야 한다며 자식을 위해 희생하는 것은 당연한 일로 끝나지 않는 긴 여정의 시작이라고 했습니다.

(6) 완전한 자기희생

아버지들은 일상적인 직장인의 모습과 생활인으로서 누려야 할 친구, 직장 동료들과의 사회적 관계를 포기하고 오롯이 자녀를 위한 삶으로 변화했습니다.

개인적 취향인 술 담배까지 모두 끊고 일과가 끝나면 무조건 가족과 함께 했습니다. 가정과 교회, 여행 등 아이의 발달을 촉진시키기 위해 많은 시간을 함께하는 것으로 드러났습니다.

아이만의 활동이 아닌 함께 활동하며 상황을 공유하고 아이의 눈높이에 맞춰 공감하고 또래의 모습이 되어 어울려 치료하는 생활로 바뀐 것입니다. 놀이터를 가더라도 놀이기구를 타는 법을 차분히 알려주고 집에서는 언어적 자극을 주기 위해 책을 많이 읽어주기도 합니다.

아버지들은 자신의 시간을 온전히 자녀와 가족 중심으로 변화하여 나갔습니다. 자신의 생활을 포기한 채 아이들의 체험 활동에 집중하는 시간을 만들어가며 자녀의 인지발달과 사회성을 촉진하는 생활로 귀결되었습니다.

"기존에는 나를 위주로 모든 사회생활에 집중했다면, 지금은 가정 특히 자녀에게 많은 시간을 투자하며 자녀의 지속적인 돌봄과 필요성 때문에 가족과 많은 시간을 함께 할 수 있는 시간에 중점을 두었지요."

"'나'라는 사람은 포기하고 온전히 아빠로서의 삶을 살고 있어요."

"진단이 나오고 전문가나 의사가 시키는 일은 모두 다하고 그때부터 운전을 못하는 아내를 대신해 아이의 치료 스케줄에 늘 동행하며 병원에서 하라는 대로 조기교실, 언어치료, 인지치료, 사회성 그룹 등을 중점으로 10년을 한 몸처럼 동행하고 있어요."

"시간적으로도 바쁘고 피곤하기도 하고 한데 부모가 자식들한테 헌신하는 것은 일반적이니까……."

"아내와 자녀를 위해 내가 아프면 안 된다는 생각으로 직장일과 가족 사이에서 고민이 되기도 하지요"

(7) 진실한 내면과 마주하는 아버지의 애달픔

아버지들이 장애를 가진 자녀를 생각하며 가장 먼저든 생각은 "내가 죽으면 누가 돌봐줄까"라는 말이었습니다. 생명의 유한성은 죽음 앞에서 한없이 나약해지고 왜소해집니다. 이러한 유한성의 한계는 벗어날 수 없기에 죽음을 마주하는 진실한 내면의 시간을 하이데거는 불안이라 하였고 레비나스는 우울이라고 명명하였습니다.

세상에 던져진 인간은 태어나 자기 자신이 닦아놓지 않은 길에 들어설 수밖에 없습니다. 길은 이미 드러나 있지만 인간은 그 길을 의지하면서 선택할 수도 없습니다. 다만 인간은 얼떨결에 어떤 길 위에 이미 들어서 버린 것입니다. 삶의 유한성으로 인해 자폐성 자녀를 영원히 돌보지 못하는 것에 대한 안타까운 마음을 드러냈습니다. 자신이 언제까지 돌봐줘야 하는지, 경제적 고통도 고민되지만 현재로서는 뚜렷한 방법이 없어 답답하다고 표현하였습니다. 자녀가 외부인과 잘 소통하기를 원하는 아버지들의 눈빛은 보살핌의 한계에 대한 무력감과 자녀의 홀로서기에 대한 불안함이 마음속 깊은 상념으로 박혀 있었습니다.

아버지들은 약자로 살아갈 수밖에 없는 자녀의 미래의 삶에 대해 깊은 고민과 안타까운 마음을 나타냈습니다. 특히 외동이를 기르는 아버지들은 공통적으로 부모 사후에 누가 돌봄을 해주나 하는 우려가 가장 컸습니다.

"내가 만약 죽거나 몸이 아프고 능력이 없을 때 이 아이를 어떻게 하나……."

"외동이다 보니 나이 먹어 부모가 없을 때 혼자서 사회생활을 어떻게 할까, 누군가의 도움이 필요할 때 혼자서 해결할 수 있을까."

"성인이 되어서 보이스피싱 같은 것에 피해 보지 않을까, 주변의 다단계 사람들로부터 피해 보지 않을까, 길거리에서 '도'를 아십니까, 하는 이런 것에 피해 보지 않을까, 뉴스에 보면 섬 같은 데서 장애인의 노동 착취를 수십 년씩 하던데 나쁜 사람들에게 사기당하지 않을까, 이런 현실적인 고민이 있지요."

"여자아이다 보니 안전하게 늘 보호해야 된다는 생각이지요. 우리 같은 아이들은 사회적 피해를 당해도 대처 능력을 잘 못하니……."

하이데거는 이것을 염려(Sorge)라고 말합니다. 인간의 경우 자신의 고유한 존재 가능성을 회복함으로써, 타인을 위한 자로 거듭나며 불안, 우울이라는 궁지로부터 벗어난 삶으로 되돌아갈 수 있다고 하였습니다.

레비나스에 의하면, 고통의 상태는 결코 홀로 다시 일어날 수 없는 전적으로 무력한 상태입니다. 이러한 우울증과도 같은 상태에 있는 자를 건져낼 수 있는 것은 곁에 있는 자의 배려에 대한 숭고함뿐이라고 했습니다.

(8) 희망의 씨앗

아버지들은 처음의 암담하고 막연했던 미래에 대한 생각을 바꿔나갑니다. 비록 비장애 아동들과 비교할 수 없지만 ASD 자녀도 직업을 가지고 살아갈 수 있다는 가능성을 보며 작은 희망을 가지기 시작합니다.

미래에 자녀가 독립적인 생활을 하기 위한 직업을 가질 수 있는 것에 대한 관심이 매우 높았습니다. 자녀에 대한 지원은 홀로서기를 할 수 있을까, 하는 희망으로 귀결됩니다.

"완벽하지 못해도 일반 대중으로 살아가는 게 가능할 것
이라는 생각이 들었고 이때부터 나 자신의 생활 패턴이 바

꿰었어요. 시대가 빠르게 비대면으로 돌아가 우리 아이 같은
경우 긍정적 상황으로 인식하고."

"아이는 관심을 주는 만큼 잘 성장하리라는 믿음이 있어
요."

"고기능 ASD 아동이나 장애 특례로 대학가고 공무원을
할 수 있는 기대를 하고…… 경쟁 사회에서 좋은 대학을 가
기 위해 1등의 강박에 대한 기대를 접은 것에 대한 편안함
도……."

"무엇이든 열심히 하는 내 아이에 대한 믿음이 있어요.
천천히 발달하지만 기특하기도 하고 고맙기도 해요."

(9) 현실과 마주하고 대처해 나가는 아버지의 존재
마르틴 하이데거(Martin Heidegger)는 『존재와 시간』[20]
이라는 책에서 '있음'을 존재라고 표현하였습니다. 강을 건
너면 배는 두고 가야 한다는 의미를 사용하여 존재의 의미를
찾아 가는 길 위에 '있음'을 의미합니다.

---

20) 마르틴 하이데거, 전양범(옮긴이), 동서문화동판(동서문화사), 2016.

인간은 세상에 던져진 존재자로서 언제나 그의 존재 가
능성이 중요합니다. 현존재의 시간성은 다시 과거에서 현존
재로 현재에서 미래로 넘어가 '있음'을 말하며, 미래에서 과
거로 넘어가는 '있음'을 순간순간 결단하는 인간의 존재 방
식을 '염려' 또는 '마음씀'(sorge)이라고 하였습니다.

현존재의 실존은 가장 먼저 처해 '있음'의 기분으로 세계
를 열어 밝힌다고 했습니다. 처해 있음은 세계 내에서 어떤
상황에 처해 '있음'을 말합니다.

하이데거는 존재자가 갖는 성스러운 성격을 '존재자가
고유한 존재를 갖는다' 것에 경이로움을 느낀다고 했습니다.
우리가 함부로 할 수 없는 고유한 존재를 갖고 있다는 사실
인 것입니다.

(10) 함께하는 아버지가 되다

아버지들은 초기 ASD 자녀의 문제와 맞닥뜨리면서 혼자만
의 고민과 시련도 있었지만 성실하게 가족을 잘 이끌어가는
아버지로 성찰해나갑니다. 자녀의 미래는 험난하고 불확실
성으로 가득 차 있지만 아버지들은 아이에 대한 본능적 사랑
으로 무엇이든 함께 해나갑니다.

아이의 눈높이에서 세상을 바라보며 더불어 함께 살아간

다는 것을 느끼게 됩니다. 아버지들은 스스로 성찰하며 가족을 지키고 책임을 다하는 아버지로 변모해갑니다.

"COVID-19로 인해 자녀와 많은 시간을 함께할 수 있어 좋아요. 매일 하루에 1시간 30분씩 걷기를 같이하면서 식물과 곤충을 관찰하고 주말에는 거의 야외로 나가 함께 시간을 보냅니다."

"주말이면 넓은 공원에 함께 나가 사회성 및 감각통합에 좋다는 공놀이를 열심히 함께하고 오토바이에 관심 많은 아이 태우고 마트가고…… 집에서는 함께 책을 읽고 잠시도 쉬는 시간 없이 늘 함께 다녀요."

"월, 금요일은 제가 퇴근이 빠른 편이어서 중간에 치료실 코스에 들어가서 데리고 다닙니다. 주말이면 거의 아이를 도맡아 놀아주구요."

"여자아이다 보니 등하교는 물론 발달센터를 함께 다니고 어디를 가든지 제가 동행하는 편이지요."

"자전거 타는 것을 좋아해 주말이면 함께 나가 타고, 거의 산책을 함께 다녔지요."

(11) 작은 변화에도 감사하는 아버지

아버지들은 처음과 다르게 일상이 감사하고 좋은 사람들의 덕에 자녀가 잘 지내고 있는 모습을 보면 기특하다고 하였습니다. 자녀가 호기심을 가지고 좋아하는 것을 만들고 그런 모습들이 감사하다고 하였습니다. 오히려 평범한 아동들이 여유도 없이 하루 종일 학원에서 시간을 보내느라 바쁘게 사는 모습을 보면 가끔 교육의 참담함도 느낀다고 하였습니다. 그러면서 부모 사후에 혼자 독립적으로 살아갈 수 있도록 미리 경제적 준비를 하고 자녀 미래를 위해 새로운 삶의 터전도 물색하는 모습을 보였습니다.

COVID-19를 겪으면서 시대가 빠르게 변하고 대면의 불편함보다는 혼자서 할 수 있는 일들이 많아져 사회성이 매우 부족한 ASD 아동들에게는 기회일 수도 있겠다는 생각을 나누기 시작했습니다.

"ASD 자녀를 갖기 전에는 타인의 자폐 성향의 자녀나 다른 장애 자녀에 대한 관심이 적었으나, 지금은 이와 관련 다른 자녀에 대한 관심과 보는 시각이 달라졌습니다. 즉, 선입견이 완전 탈피되었다는 것이지요. 그래서 장애에 대한 타인의 자녀를 보게 되면, 저도 모르게 도와주려는 경향이 있습니다."

"학교에 나오지만 아무도 신경 안 쓰는 유령처럼 교실에 앉아 있는 학생들을 돌보다 보니 학생을 바라보는 시선이 달라졌어요."

"어디를 가나 장애 시설을 살피고 불편을 해소하기 위해 노력해요."

(12) 자녀의 미래 삶을 위한 준비

아버지들은 자녀와 오랫동안 함께 생활해야 된다는 생각에 많은 생각을 한다고 했습니다. 자녀가 나무 종류와 곤충에 관심이 많아 지방으로 자리를 이동하여 평생 함께할 수 있는 방법을 고민하고 있고, 제과 제빵을 배우고 있으며 작은 학교를 세워 자폐에 대한 사회적 편견과 모순을 개선하기 위해 노력한다고 했습니다.

특정한 지역, 성별, 집단이 그 무엇을 위해 존재하는 것이 아니라 더불어 함께 살아간다는 생각으로 노력해야 하며, 장애아동이 행복하게 살아갈 사회제도적 측면에서 관심을 갖는다고 했습니다. 하루라도 자녀 곁에 오래 있어야 하기 때문에 건강에 매우 신경을 쓴다고 하였습니다.

"숲과 곤충을 좋아하는 자녀를 위해 자연환경이 좋은 지방으로 자리를 옮겨 자녀가 직업을 갖고 꿈을 펼칠 수 있도록 준비를 하고 있어요."

"학생을 돌보고 교육 활동에 전혀 참여하지 않아도 누구도 신경 쓰지 않고 방치되는 아이들을 위해 한국형 Camphill 모델을 찾아보고 노력하는 중입니다."

"장애 아동들이 행복하게 살아갈 수 있도록 사회제도적 장치와 사회 인식개선을 위해 노력하는 NGO 활동도 준비하고 있어요."

"우선은 큰애한테 동생에 대한 짐을 주기 싫고, 부정적인 생각이나 말을 들어도 운동하며 다 잊고 건강에 신경을 쓰고 있어요."

한편, 헤겔의 정신현상학에서 '사유'는 본질로부터 나오며 본질은 모든 현상들 즉, 존재하는 것들을 존재하도록 하는 원인이자 목적을 의미한다고 하였습니다. 아울러 그 세계의 본질을 바라보는 능력을 의미하는 '현상'은 이면의 욕망, 바람 등을 읽어내는 것이라고 하였습니다. 현상에 대해 하이데거는 "인간은 누군가에 의해 이 세계 안에 던져진 피투(被投)의 존재"라고 하였습니다. 자신의 삶을 스스로 선택할 수 있는 절대적인 자유란 존재하지 않습니다.

세계-내-존재(In-Der-Welt-Sein)란 "인간은 애초부터 고유한 자기로 존재하는 것이 아니라 우리라는 보편성으로 존재한다"는 것을 의미한다고 했습니다.

하이데거는 이러한 인간 현존재의 양상을 세계-내-존재로, 그러한 세계-내-존재의 실존 방식을 공동 현존재로 규정하였습니다. 또한, 이러한 삶 속에서 현존재는 자기 삶의 주체가 아닌 익명의 타인들에 예속되어 살아간다고 하였습니다.

이렇게 피투된 인간은 '가족이란 무엇인가'라는 본질에서 헤겔은 가족은 '사랑의 공동체'라고 말합니다. 가족은 자녀를 통해서 사랑을 구체적으로 직감하는데 그 가족이 하나라는 것을 증명하는 것이 바로 사랑이며, 의식의 매개와 이성의 과정을 거치지 않은 감정적인 사랑으로 엮어진 인류의 공동체라고 했습니다. 가족은 가족 안에서 개별적인 존재가 아닌 우리로서 우리를 위해 존재하는 것이라고도 했습니다.

끝으로 어릴 때 부모로부터 절대적 사랑을 받은 사람은 몸과 마음이 기억하고 있어 마지막 절망의 순간에도 다시 일어서게 하는 힘을 얻는다고 했습니다. 부모 사랑을 깊게 받은 전영애 서울대학교 명예교수는 유년 시절 부모의 지극한 사랑은 어디 가지 않으며 누군가에게 그 사랑을 다시 전달해 가는 순환적인 인간의 아름다운 모습이라고 했습니다. 그러므로 부모는 아이들을 절대적으로 사랑해야 하고 흔들림 없는 깊은 사랑의 뿌리와 꿈을 펼칠 수 있는 두 개의 날개를 주라고 했습니다.

나는 왜 상담심리사가 되었나? 첫 시작을 할 때도 그랬고 지금도 스스로 자문을 해봅니다.

결론은 늘 사람에 대한 깊은 애정이었습니다. 그렇다고 애정만 가지고 이 일을 해나갈 수 있는 것인가 묻는다면 저는 "아니오"라고 대답합니다. 이유는 출발점의 동기가 무엇인가에 따라 길이 달라지기 때문입니다.

천사의 말을 해도 사랑이 없으면 소용이 없고 태산 같은 믿음도 사랑이 없으면 쓸모가 없다는 복음처럼 부모 역할은 인내와 사랑입니다.

세상을 지배하며 살아간다는 인간은 보이지도 않는 바이러스에 속절없이 죽음을 맞기도 하고 한순간의 자연 현상에 모든 것을 잃기도 합니다. 게다가 이것이 내 가족의 일이라면 우리는 감당할 수 없는 혼란에 빠지게 될 것입니다.

이렇듯 한 사람의 인간으로 살아간다는 것은 무수한 현상과 마주하고 때로는 바보 같은 실수도 하며 살아간다는 사실입니다. 그럼에도 다시 일어서게 하는 것은 희망입니다. 산불로 모든 것이 타버린 곳에 봄이 오면 새싹 하나가 올라오는 모습은 우리를 감동의 경이로움에 빠지게 합니다.

자녀는 부모가 될 수 없고 부모는 자녀가 될 수 없는 섭리처럼 부모라는 이름으로 끊임없이 견뎌내야 하는 삶이 때로는 버거울 때가 있기도 합니다.

이 책의 풍부한 자료가 되어준 상담받은 가족분들께 진심으로 감사의 말씀을 드리고 지금도 함께하고 있는 가족분들께 따뜻한 마음을 전합니다.

이 책과 함께하고 있는 모든 분들께 앞으로의 여정에서도 끊임없는 성장의 길이 되시길 응원합니다.